财务管理
高效工作法

朱菲菲◎编著

中国铁道出版社有限公司
CHINA RAILWAY PUBLISHING HOUSE CO., LTD.

图书在版编目（CIP）数据

财务管理高效工作法 / 朱菲菲编著 . —北京：中国铁道
出版社有限公司，2022.8
ISBN 978-7-113-29190-7

Ⅰ. ①财… Ⅱ. ①朱… Ⅲ. ①财务管理 Ⅳ. ① F275

中国版本图书馆 CIP 数据核字（2022）第 095843 号

书　　名：**财务管理高效工作法**		
CAIWU GUANLI GAOXIAO GONGZUOFA		
作　　者：朱菲菲		
责任编辑：张文静	编辑部电话：（010）51873459	邮箱：285862601@qq.com
封面设计：宿　萌		
责任校对：焦桂荣		
责任印制：赵星辰		

出版发行：中国铁道出版社有限公司（100054，北京市西城区右安门西街8号）
印　　刷：三河市国英印务有限公司
版　　次：2022 年 8 月第 1 版　2022 年 8 月第 1 次印刷
开　　本：700 mm×1 000 mm 1/16　印张：15.25　字数：187千
书　　号：ISBN 978-7-113-29190-7
定　　价：69.80元

前言

从事过财务工作的人都知道，财务工作的具体项目不多，大多数时候都是与数据打交道，如记录账目数据、核算数据、审核数据、编制财务报表等，如此反复。有的财务人员工作起来很轻松，而有的则一年到头都忙得不可开交，并且经常没日没夜地加班，录数据，做报表。

这些经常加班的财务人员是因为业务技能不熟悉吗？其实不全是，大部分财务工作人员工作效率不高的主要因素还是不懂得如何高效办公，例如：

- 不知道如何安排和分配工作时间，尤其工作堆积在一起时，分不清会计工作的主次。
- 记账前的准备工作没有做到位，导致记账效率低。
- 财务数据处理过程中看起来不起眼的细节处理不到位，从而增加大量多余的工作。
- 不懂得借助数据分析工具来辅助财务数据的自动核算和分析。
- 不善于使用便捷的财务掌上工具来辅助办公。

为了能切实帮助到财务人员提高工作效率，作者编著了本书，从时间分配、工作前的准备、日常工作的高效操作、工作细节、财务工作思维、财务工作辅助工具以及掌上应用这些方面介绍实用的效率改进方法和技巧。

本书共 8 章，大致划分为三个部分。

● 第一部分为第 1 章，这部分主要介绍对各种工作的时间分配方法，强调财务工作的重点，分清财务工作的主次，引导财务人员充分利用时间高效完成工作任务。

● 第二部分为第 2 ~ 6 章，这部分主要从具体的财务工作入手介绍提高工作效率的方法，比如记账前要充分做好准备工作，快速进入工作状态；掌握日常工作的高效操作，节省时间；熟悉工作细节，以减少错误来提高工作效率；牢记该做和不该做的事情，避免工作中走弯路；培养财务工作思维，快速处理会计工作。

● 第三部分为第 7 ~ 8 章，这部分主要介绍财务工作中的一些辅助工具和实用工具。如 Excel，帮助财务人员高效处理财务数据，提高数据统计和分析速度；还有其他一些 App，下载安装到手机上，财务人员随时随地都能做账，并掌握账务的处理进度，使工作不受时间和空间的限制，从而提高工作效率。

本书的特点在于轻理论而重实操，理论知识简明扼要，实操部分则专门以案例形式作详细讲解，帮助读者轻松掌握提高工作效率的方法。同时还配以恰当的拓展知识，使内容更完整，有助于读者举一反三。

最后，希望所有读者都能从本书中学到想学的知识，快速有效地提高财务工作效率。

作　者

2022 年 1 月

目录

第1章　合理安排和分配工作时间

"效率"这个词本身就具有时间概念，即高效工作就是指在有限的时间内尽可能完成工作任务和目标。因此，最主要的高效工作方法是合理安排和分配工作时间，只有这样才能充分利用时间做该做的事情，不浪费每一分每一秒。

第 2 章　记账前的准备工作要充分

对财务人员来说，在开展记账工作之前，首先要做好准备工作，比如制订工作计划、整理办公桌、参与岗前培训以及了解会计业务办事流程等，这样才能保障记账时有知识做依托，环境有利于办公，有基本的会计工作技能可运用到实际工作中，从而提高工作效率。

第 3 章　财务日常工作的高效率操作

财务工作繁多，而且有些工作内容还比较复杂困难，为了能够高效率地完成财务任务，财务人员必须掌握财务日常工作中的一些高效率操作，使工作更顺畅，节省工作时间，从而提高工作效率。

第4章 熟练掌握工作细节提高效率

财务工作多且细，一不留神就可能出错。一个数字书写错误或者一个汉字书写错误，都可能使企业提供的会计信息不正确，从而影响管理者做出正确的判断和决策。掌握财务工作细节不仅能减少错误，还能提高工作效率。

第5章　坚决杜绝工作中不该做的事情

　　不仅是对财务人员，相信对大多数从业人员来说，明确责任都是提高工作效率的一个方法。牢记该做的事，更要清楚哪些事情不该做、不能做，约束好自己的行为，尤其对财务人员更是如此。

第6章　培养独特的财务工作思维

　　财务工作的主要内容是帮企事业单位管账，因为企事业单位与自然人个人性质不同，所以企事业单位的账与自然人个人的流水账更是不同，不能用自然人个人管账的思维来管理企事业单位的账，否则会因为眼界狭窄而阻碍企事业单位的发展，所以财务人员和管理者要培养独特的财务工作思维，促使企业更好地开展财务工作。

第7章　利用 Excel 辅助高效处理财务数据

　　相信很多会计从业者都知道，财务工作不仅需要用到专业的财务软件，很多时候还会用到 Excel 来制作各种表格、表单，Excel 是财务人员开展财务工作的重要辅助工具，可以帮助财务人员高效处理财务数据，比如查找数据、突出显示重要数据等。本章详细介绍 Excel 在财务工作中的运用。

第 8 章　掌上应用让你随手记随手查

随着社会的发展和科技的进步，工作与生活的便利性日益提高，同时对人们提高生活质量和工作效率也有了更高的要求，财务工作也不例外。财务工作从业者为了提高工作效率和质量，常常需要使用一些掌上应用 App 方便随手记账、随时查账。本章就来了解一些常见的财务类实用 App。

第1章

合理安排和分配工作时间

"效率"这个词本身就具有时间概念,即高效工作就是指在有限的时间内尽可能完成工作任务和目标。因此,最主要的高效工作方法是合理安排和分配工作时间,只有这样才能充分利用时间做该做的事情,不浪费每一分每一秒。

1. 用 80% 的时间做好记账和登账工作

"用 80% 的时间做好记账和登账工作"这一方法实际上是参考了时间管理法中的帕累托原则，即常说的二八定律。它是指在任何一组关系中，最重要的只占其中的一小部分，约 20%，而剩余的 80% 是次要的。

在财务工作中，记账和登账的工作量很大，理论上来说需花费较多的时间，但与编制财务报表相比，记账和登账工作没有那么难，可这两大项工作却是基础，为后续编制财务报表提供直接或间接依据，因此，将 80% 的时间分配给既基础、量又多的记账和登账工作比较合理。

剩余 20% 的时间则用来全神贯注地解决稍微难一点的财务报表编制工作以及其他有关的工作，比如查账、对账和简单的财务分析。

那么，为什么要用 80% 的时间做好记账和登账工作呢？理由有三点。

● 记账和登账的工作量占财务工作总量的大部分。

记账工作一般是指会计人员根据审核无误的原始凭证和一些单据填制记账凭证，而企业每天都会发生很多经济业务，产生很多原始凭证和单据，且这些经济业务很多都不是同一类型的，因此会计人员需要填制很多记账凭证。记账凭证是登记会计账簿的直接依据，记账凭证多了，登记账簿的工作量也会加大。

如果给记账和登账的工作只分配 20% 的时间，则很可能导致记账和登账工作无法顺利完成，从而影响后续的工作。

● 记账和登账工作是基础。

在财务工作中，会计人员的主要工作流程如图 1-1 所示。

根据发生或完成的经济业务填制原始单据或按规定获取原始凭证，如借款单、差旅费报销单以及增值税发票等。

根据审核无误的原始凭证填制记账凭证，如现金收付款凭证、银行存款收付款凭证、转账凭证和通用记账凭证等。

根据审核无误的记账凭证登记会计账簿，如各种明细账、总账、现金存款日记账和银行存款日记账等。

根据各种凭证、会计账簿，编制财务会计报表。必要时，还需进行财务分析。

计算缴纳各种税费，核算员工应发工资和实发工资，为员工缴存社保和住房公积金。

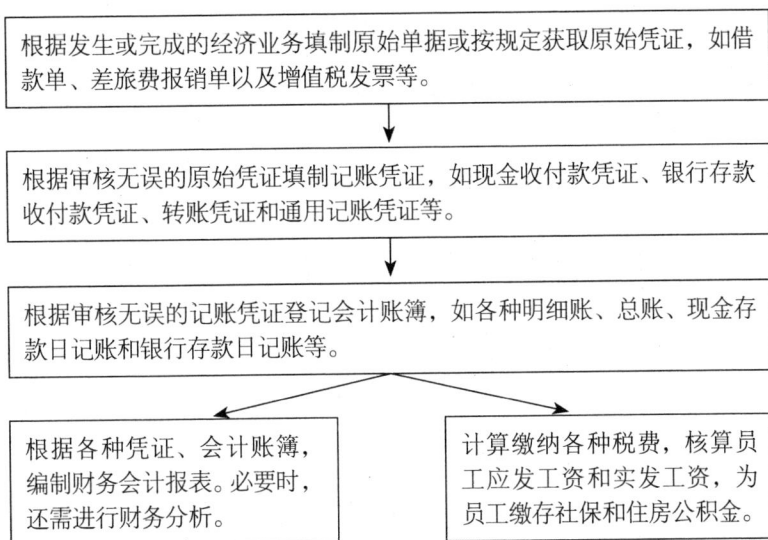

图1-1　会计人员的主要工作流程

由此可见，除了填制和获取原始凭证外，填制记账凭证就是最基本的工作，然后是登记会计账簿。从图1-1中可以看出，各项会计工作之间环环相扣，如果给记账和登账工作20%的时间，则很可能使财务人员为了尽快完成工作任务或目标而忽略工作的准确性，从而影响会计信息的正确性和有效性。

● 记账和登账工作比较烦琐。

在会计实务中，记账和登账工作并不仅仅是财务人员填制记账凭证和登记会计账簿，过程中还涉及凭证的传递与协同办公，中间会花费较多的时间。尤其是在凭证的处理过程中，财务人员很可能还会与企业内部其他部门之间有业务沟通，一来二往，手续烦琐，耗费的时间就多。

如果只分配20%的时间，则可能导致一些手续不齐全，办事无章法，责任不明晰，成本费用控制不得当，进而妨碍企业的内部控制工作，给企业带来无形或有形的损失。

因此，从工作量多、工作内容烦琐且基础等方面考虑，记账和登账工作需要占二八定律中 80% 的部分。

2.学会把财务工作"分"出去

这里的"分"并不完全是将工作分给其他人做，更多的是对工作进行区分，不仅要区分工作的轻重，还要区分工作的缓急。不同轻重和不同缓急程度的工作，其处理方式应该不同。所以应将重要的紧急的工作排在前面做，将次要的不急的工作排在后面做，这样才能保证工作的"质"，也能保证工作的"量"。

从时间管理上来说，这样的工作方法简称"4D 原则"。"D"取自"做"的英文"Do"的首字母，其原理如图 1-2 所示。

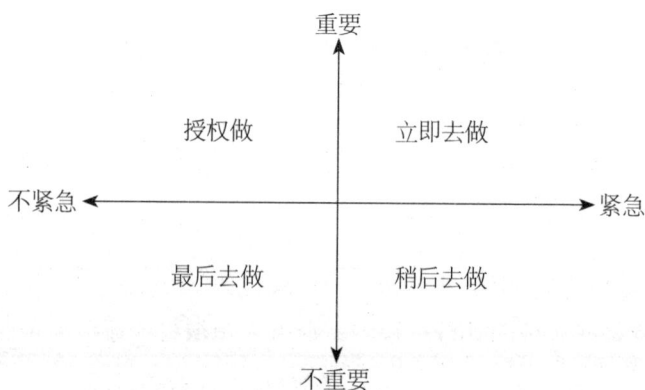

重要

授权做   立即去做

不紧急 ←——————————————→ 紧急

最后去做   稍后去做

不重要

图 1-2　时间管理中的 4D 原则

为什么会这样安排呢？

● **紧急且重要的工作**：这一类工作从缓急的角度来看，都是要在不紧急的工作之前做的，再加上紧急的工作很重要，就将其归类到立即去做的工作范围。

● **紧急但不重要的工作**：这一类工作虽然相比之下不重要，但它很紧急，也是需要立即去做的事情，但由于其不重要，所以一般在紧急且重要的工作之后做，属于稍后去做的工作范围。

● **不紧急但重要的工作**：不紧急的工作一般排在后面开展，本应该属于稍后做的工作范围，但由于其重要性，所以也不能太拖沓。按照工作的重要程度，它应该排在紧急但不重要的工作前，但又因为它没有紧急但不重要的工作急，所以也不易排在紧急但不重要的工作之前。这样的矛盾存在导致不好决策，所以常常将这一类事情授权给其他人做，这样既不耽误工作，也能让其他人感受到重要性，从而更重视工作的完成情况，不至于敷衍对待工作。

● **不紧急也不重要的工作**：这一类工作不必立即做，再加上不重要，可以放到最后做，甚至有时候可以不用做。

在财务工作中，与这四类工作相对应的工作如图1-3所示。

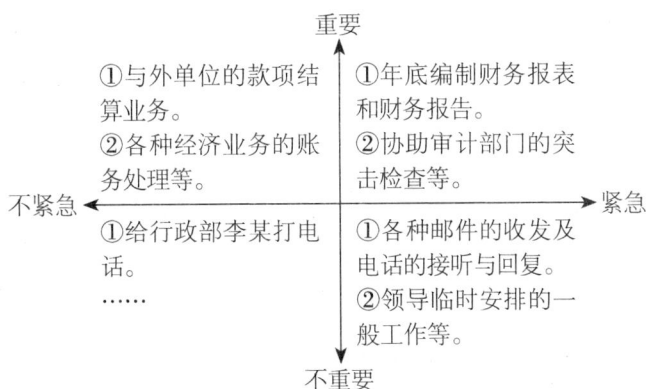

重要

①与外单位的款项结算业务。
②各种经济业务的账务处理等。

①年底编制财务报表和财务报告。
②协助审计部门的突击检查等。

不紧急 ←———————————→ 紧急

①给行政部李某打电话。
……

①各种邮件的收发及电话的接听与回复。
②领导临时安排的一般工作等。

不重要

图1-3　财务工作的轻重缓急划分

实际上，在财务工作中，很少会存在既不紧急也不重要的工作，财务工作本身就是企业内部比较重要的工作，一张凭证的填制，甚至一个数据的书写都至关重要，它关系着企业财务信息质量的好坏。

通常来说，在时间安排上，重要且紧急的工作一般占 25% ~ 30% 的时间，重要但不紧急的工作一般占 50% ~ 55% 的时间，紧急但不重要的工作一般占 15% 的时间，而既不紧急也不重要的工作一般占 5% 左右的时间。在具体的工作中要适当地为这四类工作分配时间。

3. 分清会计工作的主次，坚持要事优先

财务人员要确定自己的工作中什么是"最主要的工作任务和目标"，即要务；什么是"次要的工作任务和目标"。要务要优先处理，而次要的工作可容后处理。

在分析会计工作的主次时，关键是要将工作任务和目标进行确切的量化。

①到 2021 年 2 月底之前完成 2020 年的财务报表和财务报告的编制。

在这一工作中，主要工作任务是 2021 年 2 月底前完成报表和报告的编制，并不是单纯地完成报表和报告的编制。时间就是主要工作任务和目标的量化的表现。

②将当年的成本费用预算控制在 300.00 万元以内。

在这一预算工作中，主要工作任务和目标是全年成本费用预算控制在 300.00 万元以内，并不是成本费用预算控制。搭配"全年"和"300.00 万元以内"这样的量化目标，使工作任务和目标更清晰。

除了要对工作任务和目标进行量化，还需对不同的工作进行主次划分。

（1）从重要程度安排工作的主次关系

当财务人员同时面对一份紧急工作和重要工作时，如果紧急的工作没有重要的工作重要，则对财务人员来说，重要的工作为主要工作，应当优先处理。

比如，年底时财务人员需要编制财务报表，同时又需要协助财务部做好往来账核查工作。此时，对财务人员来说，编制财务报表更重要，应该花更多的时间完成，然后在适当的时候协助财务部完成往来账核查工作。

（2）从紧急程度安排工作的主次关系

当财务人员同时面对一份紧急工作和重要工作时，如果重要工作没有紧急工作紧急，此时就可以将紧急工作作为主要工作，重要工作作为次要工作。先集中精力将紧急工作完成，然后细心地处理重要工作。这样不仅不会耽误紧急工作，也可在处理完紧急工作后安安心心地完成重要工作，保证重要工作的质量。

比如，某月中的一个周四，财务部门领导要求财务人员在本周五下班之前将应收账款的账龄统计出来，以便于公司下周进行账款催收。而领导当天同时要求财务人员在本月末完成当月所有账簿的登记工作。由于应收账款账龄分析统计这件工作比较紧急，而且涉及公司的账款催收，而月末完成当月账簿登记虽是重要工作，但时间还比较充裕，因此，财务人员应先处理应收账款账龄统计和分析工作，然后处理账簿登记工作。

综上所述，财务工作的主次，不能单纯地看重要性，也不能单纯地看紧急性，而应该结合重要性与紧急性，合理安排各项工作的处理先后，以不引起重大问题为前提。

4. 紧急且重要的会计事务要清醒着做

从本章第 2 节的工作分类情况来看，紧急且重要的事情是最重要且最刻不容缓的事情。这类事务不仅要立即做，还需要清醒着做。为什么呢？

"重要"指具有重大影响或后果的、有很大意义的意思，所以重要的事情就是会对其他方面产生重要影响或后果、具有很大意义的事情。这类事务的突出特点就是"非做不可"和"做不好不行"。

从"做不好不行"这一特点就可看出，紧急且重要的事情要清醒着做。如果财务人员在处理重要的会计事务时头脑不清醒，或者精神处于疲惫无力的状态，就很可能精力不集中，头脑不够灵活，这样的工作状态下处理重要的事情很可能出错。

一旦重要的事情出错，会引发什么样的后果呢？

影响其他工作的顺利开展。比如，期末的查账、对账工作没有做好，就可能导致错误的账目没有被及时发现，使会计账簿和财务报表的数据有误，从而影响企业管理者的判断和做出决策，严重时还会影响企业的后续发展。

耽搁时间。不仅是重要的事情，所有事情一旦出错，就需要花时间重新处理，而重新处理出错的事务所耗费的时间在事情不出错的情况下可以用来处理其他事务。

破坏公司的信誉和口碑。 如果重要的事情与公司的客户或供应商有关联，一旦事情出错，就很可能给客户或供应商留下不好的印象，严重时还会降低公司在客户或供应商心中的信誉与口碑，使客户或供应商不再信任公司的办事能力。

受打击，对工作失去信心。 对财务人员自身来说，如果负责的重要会计事务出错，有可能受到严厉的处罚，同时还会对自己的工作能力产生怀疑，导致自己对后期的工作失去信心，不敢再负责重要的事务，也就无法在工作中得到提升。

所以，财务人员要在头脑清醒的时候处理会计事务，这样可有效防止工作出错，从而避免前述不利影响。那么，"清醒着做"的具体操作包括哪些呢？

- 手里的工作太多时，先放一放、捋一捋，不要急着处理脑袋里能够想起的事情。将待处理的事情列一份清单，然后把重要的事情拎出来，重新整理好思绪，先集中精力处理重要的事情。

- 发现自己在打瞌睡，或者不知道自己正在做什么时，应立即停下手里的工作，可以去卫生间用水洗脸唤回清醒状态，也可起身稍稍走动，消除疲惫。

- 当发现正在处理的会计事务总是在绕弯子，就要停下来想一想，理一理事情的目标、做事的方法，检查做事时可能存在的问题和出现的错误，将这些都想清楚了，再重新着手工作。

实际上，不仅是紧急且重要的会计事务要清醒着做，任何会计事务都应该在保持头脑清醒的状态下去完成，这样才能保质保量地完成工作任务和目标，相应地就可以提高工作效率。无论是慢吞吞地做事，还是心不在焉地做事，又或者是胡乱做事，都可能影响办事效率。

5. 六点优先工作制在财务工作中的运用

六点优先工作制是时间管理法中另一种常用的方法，书面称之为"艾维利法则"。该法则的思路主要包括五点，如图1-4所示。

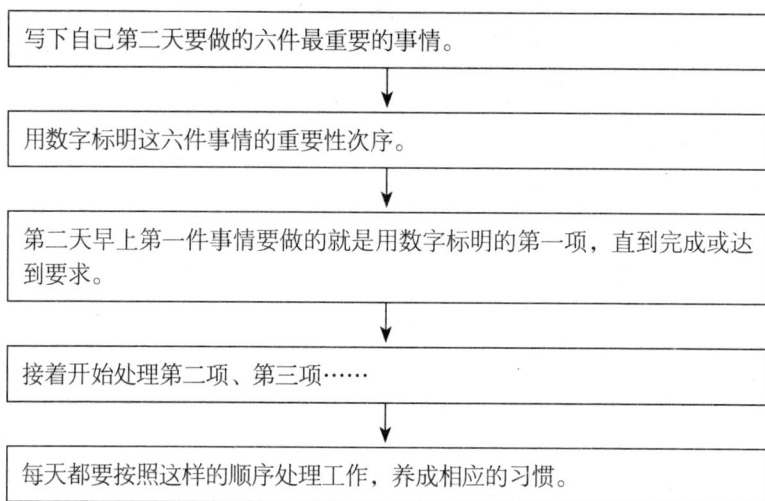

```
┌─────────────────────────────────────────────────┐
│ 写下自己第二天要做的六件最重要的事情。              │
└─────────────────────────────────────────────────┘
                        ↓
┌─────────────────────────────────────────────────┐
│ 用数字标明这六件事情的重要性次序。                  │
└─────────────────────────────────────────────────┘
                        ↓
┌─────────────────────────────────────────────────┐
│ 第二天早上第一件事情要做的就是用数字标明的第一项，直到完成或达 │
│ 到要求。                                          │
└─────────────────────────────────────────────────┘
                        ↓
┌─────────────────────────────────────────────────┐
│ 接着开始处理第二项、第三项……                      │
└─────────────────────────────────────────────────┘
                        ↓
┌─────────────────────────────────────────────────┐
│ 每天都要按照这样的顺序处理工作，养成相应的习惯。      │
└─────────────────────────────────────────────────┘
```

图1-4 艾维利法则的思路

在实施六点优先工作制的过程中，关键性的一步就是第一步"写下第二天要做的六件最重要的事情"。在选择这六件事情时，要结合前面内容提及的四大类事情：紧急且重要的事情、重要但不紧急的事情、紧急但不重要的事情和既不紧急也不重要的事情。

先对第二天可能需要处理的会计事务进行分类，然后根据紧急与重要性的属性，对六件最重要的事情进行排列，为第二天工作内容和方向给出指导。

案例实操 运用六点工作制确定次日的工作内容

2020年11月19日，某公司会计人员马慧在下班前总结了当天的工作情况，同时对明天需要处理的会计事务列出了一个清单，具体内容如下：

①对收到的经审核无误的原始凭证及时填制记账凭证。

②查看并了解公司应收账款的账龄情况。

③检查当月是否有错记、漏记账目。

④明天早上要重新确认今天的记账凭证已全部填制完毕。

⑤明天下班前要检查一天的凭证是否填制完毕。

⑥跟客户确认某笔款项什么时候可以收到。

分析可知，第①项工作是明天一整天都可能需要陆陆续续处理的工作，重要但不十分紧急。

第②项工作可以在当天完成，时间是早是晚没有太大差别，如果忘记处理了，也可延后到后天处理，不十分重要也不紧急。

第③项工作是当天必须要完成的工作，但时间没有太严格的限制，比较重要但不十分紧急。

第④项工作必须在明天的一大早就要完成，且因为是填制凭证，所以工作比较重要，重要且紧急。

第⑤项工作最好在明天下班之前处理，那样可保证检查凭证时当天不会再收到凭证，重要但不十分紧急。

第⑥项工作比较重要，它关系到公司的利益，越快越好，但有一整天的时间可供选择处理，并没有第④项工作着急。

因此，对上述六项工作进行重新排序如下：

④→①明天早上要重新确认今天的记账凭证已全部填制完毕。

⑥→②跟客户确认某笔款项什么时候可以收到。

①→③对收到的经审核无误的原始凭证及时填制记账凭证。

③→④检查当月是否有错记、漏记账目。

⑤→⑤明天下班前要检查一天的凭证是否填制完毕。

②→⑥查看并了解公司应收账款的账龄情况。

6. 疲劳工作一天，不如精神饱满做半天

人在疲劳工作状态下，做事情不专心，思绪容易断断续续，处理事情容易"不走心"，敷衍了事。这样一来，工作容易办砸，效率也不高，一整天下来，人的精神疲劳、工作质量不高。

如果人精神饱满，做事专心，思维集中，办事效率会更高，很可能用半天的时间就可以完成一天的工作量。

案例实操 疲劳工作一天与精神饱满工作半天的人

商珺和祁莲同在一家公司担任会计专员，两个人每天的工作内容都基本相同，都是成本费用会计岗。

商珺每天的工作状态就是工作一段时间，休息一段时间，给人的印象就是天天没有睡醒的样子；而祁莲，每天早上几乎看不到她离开座位，但每天下午又会看到她总是休息。了解发现，商珺每天的工作量几乎要靠下班后半个小时来结尾，但祁莲是一到下班就走人，而且每天的工作都是提前完成。

最开始，同事们都不理解，以为祁莲每天的工作量是不是比商珺的少很多。但经过私下了解和询问，发现祁莲和商珺每天的工作任务都基本相当，

甚至有时候祁莲一天完成的工作量还比商珺的多。

于是同事们向祁莲"取经"，问她是不是有什么提高工作效率的妙招，可祁莲给出的答案就是"疲劳工作一天，不如精神饱满做半天"。她讲述了自己的时间管理法。

祁莲每天早上之所以没有离开座位，是因为她觉得"一日之计在于晨"，早上的时间尤其宝贵，经过了一晚上的睡眠时间，第二天早上应该是人脑最清醒的时候，也是精力比较充沛的时候，这段时间应该集中精力做事情，而且这样效率也很高。

比起一整天都浑浑噩噩、散漫惰怠地工作，效率要高出不止两倍。而且，一旦某天工作有所滞后，就可能影响后一天的工作状态，尤其是加班，导致睡眠不充足，从而影响第二天的精神状态，再就会影响第二天的工作效率，这样一来就是恶性循环，工作能力无法提升，自己的身体也可能出现问题。

由案例可知，高质量的睡眠可以提高工作效率，而高效率的工作状态也能反作用于睡眠质量，进而促使以后的工作状态一直保持在良好水平。反之，总是以一种无精打采、哈欠连天的工作状态处理事情，很可能会养成拖延症，使工作一拖再拖，影响睡眠质量，进而影响后续一系列的工作状态，长此以往，工作效率会越来越低。

工作中，工作效率的高低直接影响生产力水平，将精力旺盛的时间段用来好好工作，把没有效率的时间拿来好好休息，就可以保持良好的工作状态。

拓展贴士 *保持精力旺盛的五点建议*

◆建立一张有规律的作息时间表，保证充足的睡眠。

◆工作期间也要适当运动和锻炼，帮助晚上更好地入睡。

◆给自己营造一个良好、安静的休息环境，远离噪声、避开刺激的光线等。

◆注意饮食，切忌晚上吃得过饱、过辛辣和过油腻而无法入睡。

◆睡前不要玩手机，防止兴奋过度而无法入睡等。

第2章

记账前的准备工作要充分

　　对财务人员来说，在开展记账工作之前，首先要做好准备工作，比如制订工作计划、整理办公桌、参与岗前培训以及了解会计业务办事流程等，这样才能保障记账时有知识做依托，环境有利于办公，有基本的会计工作技能可运用到实际工作中，从而提高工作效率。

1. 做好财务工作计划可提高实施效率

财务工作计划也可称为会计工作计划，是对即将开展的财务工作的设想和安排，包括提出工作任务、指标和确定完成时间和步骤方法等。

财务工作计划制订好后，财务人员就可按照计划开展工作，相比盲目地工作，效率会更高。那么，要如何制订财务工作计划呢？首先要了解财务工作计划的大致结构和内容。从书面结构来看，财务工作计划包括标题、正文和落款这三个部分。

（1）标题

财务工作计划的标题一般含有四个要素：编制计划的单位名称、计划的编制时间、计划的内容摘要和计划名称，如"××公司××年度财务工作计划"。

当然，实际编制书面工作计划时，标题也可适当省略，如"××公司财务工作计划"。

（2）正文

在财务工作计划书面文件的正文部分，要写明财务工作的目标、措施以及实施步骤等内容。

● 财务工作的目标。

财务工作的目标是一个标杆，是开展活动的努力方向，具体指企业根据自身发展需要而规定的在一定时间内要完成的任务和应达到的要求。

目标一定要具体、明确，尽可能地细化到数量要求、质量水平和时间限制。有了财务工作计划规定了具体的目标，才能促使财务人员以目标为重点，不偏不倚地开展财务工作。

● 实施计划的措施。

实施计划的措施主要包括财务工作要达到既定目标所需采取的手段，要发动哪些方面的力量或利用哪些方面的资源，要怎样为财务工作创造出有利条件，以及要怎么在财务工作中排除困难等。通俗点说，就是要明确财务工作"怎么做"的问题。

在确定措施时，财务人员需根据企业所处的客观条件进行统筹安排，要保证措施是切实可行的，这样的措施才有意义，否则措施不可行，也无益于计划的实施。

● 实施计划的步骤。

实施计划的步骤就是完成计划的程序和相应的时间安排，主要确定财务工作中哪些事情先做，哪些事情后做，哪些事情是重要的、需要多少时间，哪些事情是次要的，又需要多少时间等。

财务工作计划明确了财务工作的操作步骤以后，就能将大目标细分成小目标，使财务人员按照步骤一步一步地、稳妥地完成工作。

（3）落款

财务工作计划的书面文件中，正文之后一般会有落款，主要注明财务工作计划的制订日期。如果标题中没有说明制订工作计划的单位名称，可以在落款处注明。

另外，如果财务工作计划中涉及一些表格或者附件，还要在落款之后进行列示和说明，以便工作过程中可拿来使用。

制订财务工作计划，不仅可以明确工作目标，还能快速找准做事方法和步骤，这样就能有效提高工作效率。

2. 将办公区域内的物件按照自己的使用习惯整理

相信很多人在生活中会发现，一些习惯的动作或者习惯的生活方式出现时，大脑的反应速度是极快的，甚至可以用"不假思索"来形容。将这种现象运用到财务工作中，甚至其他工作中，就是提高工作效率的有效办法。

因此，财务人员按照自己的使用习惯来整理自己的办公区域内的物件，就会方便自己办公，无论是拿东西还是将物品放回原位，自己的大脑都可以做出快速的反应，从而提高工作效率。

办公区域内的物件整理包括办公区域整体摆设的设计和具体物件的整理摆放。

（1）整理办公桌

办公桌是所有办公人员的"主战场"，是完成工作任务的主要场所。如果桌面上的摆设混乱，则会影响办公人员的办公思绪，对财务人员来说，影响更大，很可能使正在核算数据的思绪被混乱的桌面"打扰"，使得财务人员需要从头核算，这样一来就会耽搁很多时间。

所以，为了让财务人员在干净整洁的办公环境中办公，防止工作思绪被影响，就需要及时整理办公桌。在整理办公桌的整体格局时，需要考虑自己的用手习惯。一般情况来看，办公桌面的布局如图 2-1 所示。

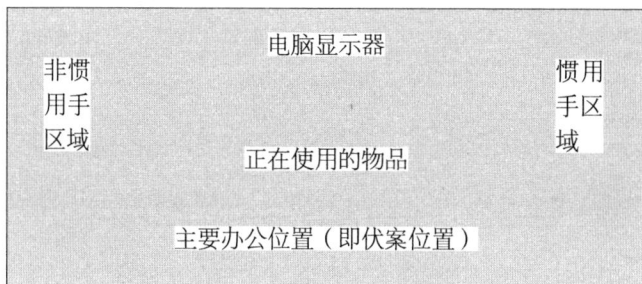

```
┌─────────────────────────────────────────┐
│                电脑显示器                  │
│ 非惯                                  惯用 │
│ 用手                                  手区 │
│ 区域                                  域   │
│                正在使用的物品              │
│                                          │
│        主要办公位置（即伏案位置）          │
└─────────────────────────────────────────┘
```

图 2-1　办公桌常用布局

图 2-1 所示的办公桌布局是按照习惯用手为右手来布置的，各个区域一般放置的物品大致可概括为四类，见表 2-1。

表 2-1　一般情况下办公桌面的布局

区　　域	放置的物品特点
惯用手区域	该区域主要放置经常使用的文件或物品，如发票、凭证、开具增值税发票的机器以及财税政策文件等。如果开票机器放在惯用手区域时不便于使用，则需另行确定放置位置
非惯用手区域	该区域主要放置不经常使用的物品，如订书机、回形针、员工手册以及其他不常用文件等
正在使用的物品区域	该区域主要放置财务人员工作中正在使用的物品或者文件，如计算器、凭证、发票和报表等
主要办公位置	该区域主要是办公人员手肘放置位置，便于着力，有助于开展财务活动并完成工作任务

当然，办公桌面的具体布局还是要根据员工个人的习惯来进行，如果习惯了左边放置常用的物品和文件、右边放置不常用的物品和文件，则按照习惯来放置即可，因为只有符合自己的习惯，才能真正提高工作效率。左利手的使用习惯就与一般的不同，其桌面布局很可能如图 2-2 所示。

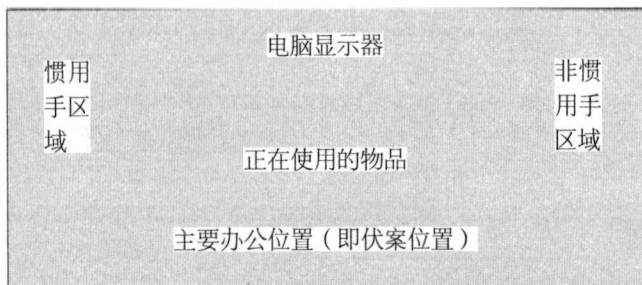

图 2-2　左利手的桌面布局

（2）资料、文件和物品的整理

如果财务人员的办公桌面上堆积的文件或者物品很多，则很有必要按照自己的使用习惯进行整理，以提高取用和归位的速度，从而提高工作效率。一些适用的规则如下所示。

● 按照自己的习惯，对各种文件进行规范的命名，而同一类别的文件最好使用同一种命名形式。常用的命名形式主要有 7 种，见表 2-2。

表 2-2　文件命名形式

条目	命名形式
1	文件名 + 日期
2	文件名 + 编号 + 日期
3	文件名 + 编号 + 开始日期 + 结束日期
4	项目名称 + 文件名 + 编号 + 日期
5	项目名称 + 文件名 + 编号 + 开始日期 + 结束日期
6	项目名称 + 文件名 + 开始日期 + 结束日期
7	项目名称 + 负责人姓名 + 文件名 + 编号 + 日期

● 文件的命名要具有唯一性，除了方便区分，也方便查找。

- 文件的命名要尽可能简单，但也不能过省，导致无法准确识别和取用。
- 有需要的，可对文件进行等级划分，而等级划分依据可以是重要性，也可以是紧急程度。一般等级不超过3个，如非常重要、重要和一般，或者非常紧急、紧急和不紧急。

除了办公桌面上的资料、文件和物品需要按习惯整理，存放于电脑中的电子文档也需要按照自己的使用习惯进行整理。同时，还要对重复的文档进行替换，对无效的文档要及时清理，对无用或者无意义的文档以及空文件夹进行筛选删除。

电脑中文档的命名方式可参考办公桌面上的实体文件的命名方式。除此以外，由于电脑需要通电运作，且电脑中储存的信息没有实物形态，容易丢失，所以还需注意以下一些问题，防止文档丢失给工作带来不便，从而降低工作效率。

- 桌面上的文件数量根据个人办公习惯进行设置，但最好不超过10个，以免影响桌面整洁度，从而影响办公速度。
- C盘为系统盘，主要用于安装系统和相关软件。如果C盘出问题，则保存在C盘中的资料或者安装的系统、软件等都会出问题，电脑很可能无法正常使用，进而就会影响办公，降低工作效率。但如果想要电脑运行速度较快，则尽可能地不要把软件安装在C盘中，可以将其安装到D盘。
- D盘、E盘、F盘为一般的硬盘分区，可根据自身工作需要或者使用习惯，分别在各个分区中放置相应的文档。比如D盘放置工作资料、E盘放置培训资料（如财税政策文件）、F盘作为备份盘使用。为了方便操作，财务人员还可以根据硬盘分区储存内容对各个硬盘分区进行命名。

3.财务人员要对会计科目和记账规则烂熟于心

会计科目是对会计要素具体内容进行分类核算的项目，是进行会计核算和提供会计信息的基础，财务人员必须熟记，才能保证工作中能运用自如。

记账规则指对记录经济业务数量变化方向应遵循的规定，包括规定通过会计科目和记账符号反映资金运动数量和变化的方向，规定反映资金运动数量变化的会计科目之间的相互关系等。财务人员要想准确记录会计信息，就必须懂得记账规则，而要想切实提高工作效率，就必须对这些记账规则熟练于心。

（1）会计科目

财务人员想要快速认识会计科目，可从其分类入手，一般按照科目反映的经济内容不同进行划分，主要包括六大类，见表2-3。

表2-3 会计科目的类别

类　　别	常见会计科目
资产类	对资产要素的具体内容进行分类核算的项目，如"库存现金""银行存款""其他货币资金""应收账款""应收票据""原材料""周转材料""库存商品""长期股权投资""固定资产""在建工程""无形资产"和"长期应收款"等
负债类	对负债要素的具体内容进行分类核算的项目，如"短期借款""应付账款""应付票据""预收账款""应付职工薪酬""应交税费""长期借款"和"长期应付款"等
共同类	既有资产性质又有负债性质的科目，如"清算资金往来""货币兑换""套期工具"和"被套期项目"等

类　别	常见会计科目
所有者权益类	对所有者权益要素的具体内容进行分类核算的项目，如"实收资本"（或"股本"）"资本公积""盈余公积""本年利润"和"利润分配"等
成本类	对可归属于产品生产成本和劳务成本等的具体内容进行分类核算的项目，如"生产成本""制造费用"和"研发支出"等
损益类	对收入、费用等要素的具体内容进行分类核算的项目，如"主营业务收入""其他业务收入""营业外收入""主营业务成本""其他业务成本""营业外支出""销售费用""管理费用"和"财务费用"等

要想更详细地认识会计科目，财务人员还必须知道会计科目的另一种分类方式，这种分类方式是按照会计科目提供信息的详细程度和统驭关系进行的，主要分为总分类科目和明细分类科目。

总分类科目又称总账科目或一级科目，是对会计要素的具体内容进行总括分类，提供总括信息的会计科目。明细分类科目又称明细科目，是对总分类科目进一步分类，提供更详细和具体信息的会计科目。

（2）记账规则

在我国，通常使用的记账方法为借贷记账法，而该记账方法下有其特定的记账规则，即"有借必有贷，借贷必相等"。也就是说，任何经济业务的发生，总会涉及两个或两个以上的相关会计科目，一方或几方记入借方，另一方或几方必须记入贷方，且记入借方的金额总和要等于记入贷方的金额总和。

对财务人员来说，将会计科目和记账规则烂熟于心的最好方法就是在会计工作中多多接触，用得多了，就会在大脑里形成反复记忆，这样便能加深印象，达到熟记会计科目和记账规则的效果，对提高会计工作效率有非常明显的帮助。

当然，如果财务人员自己有一套惯用的记忆方法，可按照自己的方法熟记会计科目和记账规则，效果可能会比反复记忆更好。

4. 定期对财务人员进行岗前或在岗培训学习政策

俗话说，理想是丰满的，现实是骨感的，理想与现实存在明显的差距。对财务人员来说，掌握会计理论知识和能够运用会计理论知识到实际工作中是截然不同的两件事。为了使财务人员能顺利地开展工作，并将学习的理论知识恰当地运用到工作中，企业就必须对财务人员进行岗前培训或者在岗培训。

培训时除了要学习会计理论知识在实务中的运用，另外还需学习相关的财税政策，以此规范财务工作从业者的行为，同时熟知财税政策也对提高工作效率有助意。

（1）岗前培训

岗前培训一般指新职工培训，是对新职工进行的导向性培训。这一培训活动的目的是使新职工了解和掌握企业的基本情况，包括对他们进行职业道德、基础技术理论、生产工艺、实际操作技术以及劳动纪律等方面的教育，使他们初步了解企业的生产和工作特点，自觉遵守企业各项规章制度。

而对新入职的财务人员来说，企业除了对他们进行统一的职业道德和劳动纪律等方面的教育，还需根据财务工作的特点，对他们进行财务方面和税务方面的技术理论培训、职业素质培训和财务工作技能培训，让财务人员了解财务工作的基本流程、内容和特点。

由于财税工作离不开各项政策、规定，工作过程中也必须以国家发布的政策和规定为依据办公，所以，要想提高财务工作效率，岗前培训必须包括政策内容的学习，使财务人员能熟知各项基本的财税政策内容，以便能在实务中运用自如、得心应手。

比较常用的财税政策和规定包括《企业会计准则》《小企业会计准则》《会计人员工作规范》以及各种税的税法和暂行条例等。岗前培训时，企业要对新入职的财务人员进行这些政策和规定的培训，使他们熟练掌握其中的重点内容和有助于办公的知识，这样才能为员工顺利上岗并提高日后的工作效率奠定扎实的基础。

（2）在岗培训

在岗培训又称在职培训，是对已经在工作岗位上从事有酬劳动的各类人员进行的再教育活动，类似于会计上所称的"职工教育"。在我国，在岗培训主要采用两种方式：一是在岗业余培训；二是离岗专门培训。不同的培训方式又会涉及不同的培训形式，见表2-4。

表2-4　在岗培训的不同方式对应的培训形式

培训方式	具体培训形式
在岗业余培训	岗位培训、各种短期培训班、系列讲座、各类培训中心以及夜大等形式
离岗专门培训	各类职业中学和职工大学、委托大专院校或科研机构进行代培等形式

可能有人会有疑问，为什么在岗前培训中已经培训了财税政策和规定，还要在在岗培训时培训财税政策和规定呢？因为在变化的经济环境中，为了适应经济市场的发展需求，各主管机构会根据实际情况对财税政策和相关规定进行适当的修改、补充和完善。

比如根据国情不断调减的增值税税率、社保费率等，还有根据突发状况新增加的关于增值税和其他税种的优惠政策等。此时，如果企业不利用在岗培训使财务人员及时了解这些政策和规定，就容易使财税工作出错，或者使企业该享受的优惠没有享受到，给企业带来经济损失。

而且，如果财务人员对最新的财税政策和规定不熟悉，就可能在工作中遇到问题时无法及时解决，从而降低工作效率。

为此，企业很有必要对员工进行在岗培训，尤其是财税政策和规定的培训学习，为员工能在工作中及时发现问题并解决问题打好基础。

5. 充分了解会计业务办事流程，节省时间

试想一下，作为一名会计人员，接到上级交付的任务，与银行对账看企业的银行存款余额是否正确。如果会计人员不清楚办事流程，不知道要先查看企业内部的银行存款日记账账面余额，再去银行获取银行存款对账单进行对账，就会踌躇不前，不知道具体要做什么事情，而耽搁时间。

对财务人员来说，应对整个会计业务办事流程都要熟悉，这样才能清楚地认识到自己的工作所处的环节，具体需要做哪些工作，如何做。有了明确的流程就可指引财务人员快速进入工作状态，并在开展当前的工作时就能了解接下来需要做什么事情，减少思考下一环节需要做什么事情的空

隙，从而节省时间，提高工作效率。

会计业务的办事流程可大致归纳为六个环节，如图2-3所示。

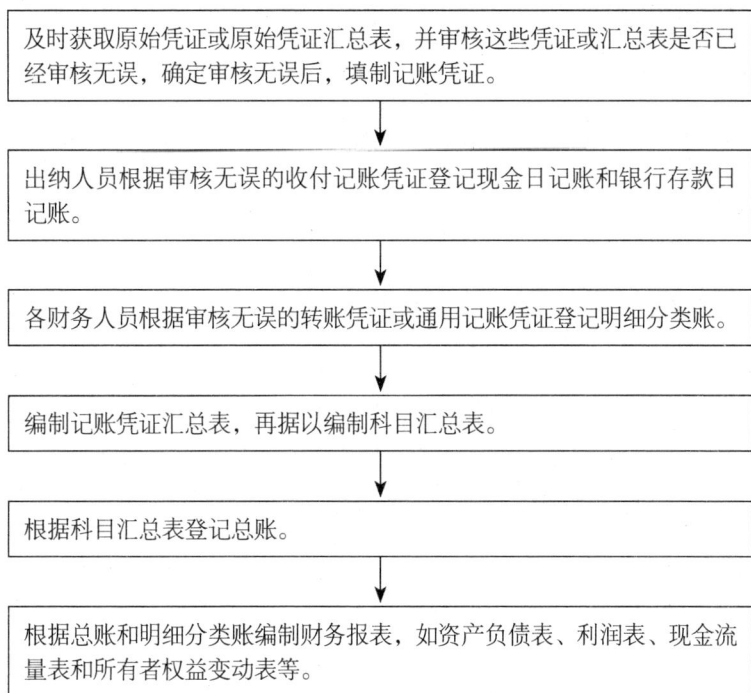

及时获取原始凭证或原始凭证汇总表，并审核这些凭证或汇总表是否已经审核无误，确定审核无误后，填制记账凭证。

出纳人员根据审核无误的收付记账凭证登记现金日记账和银行存款日记账。

各财务人员根据审核无误的转账凭证或通用记账凭证登记明细分类账。

编制记账凭证汇总表，再据以编制科目汇总表。

根据科目汇总表登记总账。

根据总账和明细分类账编制财务报表，如资产负债表、利润表、现金流量表和所有者权益变动表等。

图2-3　会计业务的办事流程

财务人员要想提高工作效率，除了了解日常会计工作的业务办事流程外，还需了解一些在特殊时间点和时间段需要做的财务工作及其流程，避免因工作疏忽而带来严重的影响。

● 每月财务工作。

对财务人员来说，每月月中都要根据图2-3所示的会计业务办事流程开展工作。另外，负责为企业办税的财务人员要在月初时办理抄税手续；负责核算企业内部所有员工工资、社保和住房公积金的财务人员要核对工资、社保和住房公积金的账目，确认无误后通知出纳人员向员工发放上月工资。

注意，如果企业实行月底发放当月工资，则财务人员确认工资、社保和住房公积金账目是否正确的时间就是当月月末。

● 月末财务工作。

每月月末，财务人员要对相应的固定资产计提折旧，同时对无形资产摊销费用或摊销其他待摊费用。另外，还要核算各种税费对应的税金及附加总额，为核算当月获取的利润做好前期工作。

不仅如此，月末时财务人员还需进行查账、对账工作，确认账目无误后将损益类科目的总发生额转入"本年利润"科目中，以此核算出企业当月获取的利润总额，便于后续核算应缴纳的企业所得税。

企业的办税人员要持规定的 IC 卡和纳税申报资料为企业申请缴纳税费，并按照规定进行报税和缴纳税款处理。

前述工作处理完毕后，要对该装订的凭证进行装订，编制相关报表和报表附注，以及其他被要求提供的表格资料。

如果财务人员对财务工作的每一个环节以及每一项工作的开展时间都有全面、充分的认识，就能在第一时间做出反应，及时投入到工作中，减少思考下一步工作是什么的时间，从而提高工作效率。

6. 提高记忆力并掌握速读技巧

强大的记忆力和速读技巧都可帮助财务人员高效完成工作任务，那么如何才能提高记忆力并掌握速读技巧呢？下面就分别了解提高记忆力的方法和常见的速读技巧。

（1）提高记忆力

从生理上来看，人们可通过饮食结构的改变来提高记忆力，但效果一般较慢。因此，常用的提高记忆力的方法为"练"，而"练"的形式又有很多种，见表2-5。

表2-5　提高记忆力的方法

方　法	说　明
反复记忆	反复记忆算是一种最"笨"的方法，它在提高记忆力的过程中没有任何捷径可走，完全通过不断记忆、加深印象来提高记忆力。实际上，与其说是提高记忆力，不如说该方法是巩固和加深记忆
速读法	又称全脑速读记忆法，即在快速阅读的基础上进行记忆训练。该方法借助的不是左脑意识的逻辑记忆，而是右脑潜意识的图像记忆，会使记忆速度更快，且记忆更牢固，属于提高记忆力的技巧性方法
图像法	图像法是速读法的一种特殊形式，主要发挥人体右脑的想象力来联结不同的图像之间的关系，从而形成一个超大容量的记忆，通过图像或事物之间的逻辑连贯性来达到轻松记忆的目的
思维导图法	思维导图也算是图像法的其中一种特殊方法，将图像之间的关系结成逻辑关系强、容易记忆的思维导图，通过思维导图进行记忆

由此可知，"多看财务数据"的方法实际上是反复记忆法，在工作中不断地查看财务数据，不断地接触会计信息，就会加深对财务数据和会计信息的印象，从而记牢数据和信息。

（2）掌握速读技巧

速读即快速阅读，很显然，这确实可以提高工作效率。但速读要讲技巧，否则速读提高了阅读速度，却不能提高阅读质量，通常很难提高工作效率。

浏览法。浏览法就是对不需要细致了解的数据和信息，只从总体上粗略地查看大致内容的一种阅读方法。比如一些总结性的报表内容，资产负债表、利润表等，财务人员可采用浏览法大致阅读报表数据，无须每一项数据都深入研究，只需保证在浏览报表数据以后对企业的资产结构和盈利情况有一个大概的认识和了解即可，能够从大局上分析出资产结构是否合理，经营是赚了还是亏了就行。

扫读法。扫读法指对眼前的资料、文章等内容进行一目数行甚至一目十行地扫描阅读，快速获取大量信息。该方法对人本身的要求较高，如果能力不够，一目数行甚至一目十行的结果就是什么也没看清、什么也没看懂、什么也没记住。这样一来，不仅不能提高阅读速度，反而浪费了当次阅读的时间，又需要重新阅读，不仅不能提高工作效率，反而还会降低工作效率。因此，虽为"扫读"，但也要在阅读时看清内容，在此基础上尽可能地快速阅读。一般来说，该方法适合财务人员查看一些文字性资料和文件，通过扫读法了解会计信息的大概意思即可。

跳读法。跳读法指跳过一些无关紧要的信息或数据而直接查看关键性内容的一种速读方法。与扫读不同，扫读是逐页扫视或者逐行扫视，而跳读是有取舍的跳跃式阅读，其阅读速度比扫读法更快。在财务工作中，财务人员主要用此阅读方法查看各财务报表中的重点数据和财务资料中的重点信息，比如利润表中的营业收入、营业成本、营业利润、所得税费用和利润总额等数据；又如所有者权益变动表中的上年年末余额、本年年初余额、本期增减变动金额以及本年年末余额等主要数据。

寻读法。寻读法是先确定要阅读的内容，然后在众多内容中找到目标内容逐个进行阅读的方法。一般来说，在财务工作中，该方法适用于在众多会计档案中查找需要的资料和信息。

猜读法。猜读法指在阅读财务信息和相关数据时，以当前知道的信息和数据为前提，对后续可能出现的信息或数据进行猜想，然后将猜想的信息或数据与后续实际内容进行印证比较的一种阅读方法。在财务工作中，财务人员可利用该种阅读方法进行查账和对账工作，这样可省去逐一查对账的很多时间，提高查对账工作效率。

财务人员提高记忆力，可以熟练掌握处理会计事务的方法，从而提高办事效率。而掌握速读技巧则是从节省办事时间的角度出发来提高办事效率，两者结合一定会使工作效率得到明显的提高。

7. 选择适合公司经营管理情况的财务软件

为了适应不断发展的经济与科技，财务行业已经普遍实行了会计电算化，即通过专业的财务软件处理企业的账目。在我国，常用的专业财务软件有两种：一是用友；二是金蝶。下面就分别介绍两种财务软件的具体情况。

（1）用友

用友成立于1988年，是我国最大的管理软件、ERP软件、集团管理软件、人力资源管理软件、客户关系管理软件和小型企业管理软件的提供商之一，它提供了具有自主知识产权的企业管理/ERP软件、服务与解决方案。

2020年，用友网络发布了多个版本的产品，实现了营销电商一体化、产供销一体化、业财税金一体化和协同一体化，全速推进小微企业云服务业务。

用友的产品与服务非常多，主要分为三大类：云服务、软件和金融。其中云服务又分为了YonBIP用友商业创新平台和云ERP，具体的云服务如图 2-4 所示。

```
YonBIP用友商业创新平台
iuap云平台          领域云              YonSuite           小微企业云          行业云

技术平台            营销云             营销电商一体化        好会计             用友政务云
YouBuilder        制造云             产销供一体化          好生意             用友制造云
YouLinker         采购云             业财税一体化          畅捷贷             用友医疗云
数据中台            供应链云           人力协同一体化        工作圈             国资企业云
智能中台            金融云                                                  用友建筑云
业务中台            财务云                                                  用友汽车云
                  税务云                                                  用友教育云
                  人力云                                                  用友餐饮云
                  协同云                                                  用友烟草云
                  资产云                                                  用友能源云
                  通信云                                                  用友广信

云ERP
大型企业数字化平台                      成长型企业云ERP                    小微企业人财货客一体化管理
NC Cloud                            U8 Cloud                         T+Cloud
```

图 2-4　用友的云服务

以 YonSuite 为例，它主要是成长型企业云服务，让企业向数字化和智能化发展，其特点有四个，见表 2-6。

表 2-6　成长型企业云服务的特点

特　　点	说　　明
敏经营	链接社会化商业、生态链协同
轻管理	数字化时代从初创到全球化经营
易金融	嵌入金融产品，帮助企业获取随时随需的数智金融
简 IT	全新的云架构，助力企业简便、快速、灵动地部署 IT

YonSuite 成就以客户为中心，数据驱动、实时运营和轻松管理的数智企业。而用友财务云则是企业的实时会计、智能财务，该服务能够助力企业构建连接／融合／共享／智能的财务云平台，开启后智能财务新时代，创造新价值。它采用最新的大智物移云的技术，基于事项法会计理论，以业务事项为基础，构建财务会计、管理会计、税务服务、保障服务、财资服务、企业绩效、电子档案服务和共享服务的全新一代财务体系，助力企

业财务数字化转型。

软件方面，主要有面向三大类企业的软件产品：一是面向大型企业的软件产品；二是面向中型企业的软件产品；三是面向小微企业的软件产品，囊括了众多行业，具体的产品型号如图 2-5 所示。

云服务	面向大型企业	面向中型企业	面向小微企业	行业	
软件	用友U9	用友U8+	畅捷通T+	政务	餐饮
金融	用友PLM		畅捷通T1	制造	烟草
	用友CRM		畅捷通T3	医疗	能源
			畅捷通T6	建筑	广电
				汽车	审计
				教育	智慧城市

图 2-5　用友的软件产品

不同的软件产品，其特点不同，大致介绍见表 2-7。

表 2-7　用友的软件产品特点

软件	特点
用友 U9	用友 U9 是助力大中型离散制造企业的商业创新平台，主要构建全球管控一体化平台，支持企业组织变革和模式创新，实现跨地区内外部产业链协同，构建敏捷智造体系，全面支撑制造企业实现个性化定制、网络化协同、智能化生产、服务化转型、数字化管理、一体化应用
用友 PLM	用友 PLM 适用于大多数大型企业，帮助企业实现产品研发和设计过程中业务流程和产品数据的标准化管理，提高产品数据管理水平，并在工业互联网时代在云端构建企业研发、工艺与生产的数据共享桥梁，与 ERP、MES 等系统实现社会化设计制造一体化写作模式
用友 CRM	用友 CRM 以赋能团队和客户经营为目标，融入用友在客户关系与营销团队管理方面的丰富实践经验，专注为企业提供直分销融合一体化、移动化、自动化、社会化和智能化的销售、售后与客户管理解决方案，通过 AI 技术和业务模型提升营销团队的工作效率、业务能力和决策能力，同时提升企业的区域客户经营能力与数字化管理决策能力，帮助企业实现存量业务的数字化、可视化，持续提升盈利能力和客户忠诚度

软　件	特　　点
用友 U8+	用友 U8+ 是成长型企业的数智化升级平台，以全新 UAP 为平台，应对中型及成长型企业客户群的发展，提供一整套企业级数智化升级解决方案，为企业构建精细管理、产业链协同和社交化运营为一体的企业互联网经营管理平台，深入融合云应用，一站式提供财务、营销、制造、采购、设计、协同和人力等领域的"端 + 云"服务，并为企业建立前中后台一体化的数字营销平台，提供后台业务财务一体化管理
畅捷通 T+	畅捷通 T+ 除满足企业对本地业务管理需求外，还帮助企业对异地仓库、办事处、门店和分支机构进行管控，全新的 B2B 管理支持企业经销商自助下单订货。该产品在手机端也能使用，查信息、查库存、下订单、做审批和看经营数据等，其功能模块包括了财务管理、采购管理、库存管理、销售管理、生产管理、分销和零售等
畅捷通 T1	畅捷通 T1 软件产品下又分为不同的版本，"T1- 财贸宝"服务于微型企业的进销存和财务管理，"T1- 商贸宝批发零售版"服务于微型商贸流通企业的进销存，"T1- 商贸宝 IT 通信版"服务于通信、IT 等有序列号管理需求的小微商贸流通企业的经销，"T1- 商贸宝服装版"服务于小微服装鞋帽企业的行业进销存管理。每一个版本的产品都有自身的特色，具体可进入用友官网查看
畅捷通 T3	畅捷通 T3 是企业财务、业务一体化管理的财务软件，帮助企业管好财务、厘清业务，但它支持的是《小企业会计准则》（2013 年版），因此实行《企业会计准则》的企业不适用。该软件可实现财务核算自动化，同时可以对经营数据提前预警，对财税数据进行多角度分析，提高报表管理效率，另外还提供行业平均税负率参照，使企业财务人员随时了解本企业税率与行业平均税负率的差异，帮助企业规避财税风险
畅捷通 T6	畅捷通 T6 为成长型企业提供财务、业务和生产一体化管理，帮助企业规范流程，提升企业运营效益；为企业管理者提供多角度的经营数据分析，帮助管理者掌控企业经营变化，做好决策分析；支持手机、Pad、电视和 PC 等多途径实时查询企业经营数据，如收入、成本费用、利润、资金、回款和盈利能力等；提供"盈亏预测""销售毛利分析""费用分析""资金预测""应收款分析""库存资金占用分析""市场价值分析"和"超期发货分析"等功能，帮助管理者盯利润、管现金；为企业的经销商提供专属订货平台，提升企业的订单处理效率。在帮助企业管理财务、供应链和生产等业务的同时，实现对企业人力资源、客户关系和协同办公的管理

（2）金蝶

金蝶国际软件集团有限公司成立于 1993 年，是中国软件产业领导厂商，也是亚太地区企业管理软件和中间件软件龙头企业，更是全球领先的在线管理及电子商务服务商。

金蝶也有独具特色的云服务和管理软件，云服务产品主要有五种，分别是金蝶云·苍穹、金蝶云·星空、金蝶云·星辰、金蝶·精斗云和金蝶·管易云，相关介绍见表 2-8。

表 2-8　金蝶的云服务

云服务	说　明
金蝶云·苍穹	主要针对大企业，是大企业数字共生平台，提供员工服务云、财务云、人力云、采购云、制造云、销售云、物流云和渠道云等服务，支持微服务、分布式计算与存储、容器服务和多用户
金蝶云·星空	主要针对成长型企业，是成长型企业数字化平台，提供财务、供应链、智能制造、阿米巴管理、全渠道营销、电商、HR 以及企业互联网服务，帮助企业实现数字化营销新生态及管理重构等
金蝶云·星辰	主要针对小型企业，是小型企业成长服务平台，提供财务云、税务云、进销存云和订货商城等 SaaS 服务，支持企业拓客开源、智能管理、实时决策
金蝶·精斗云	主要针对微型企业，是微型企业成长服务平台，通过互联网技术和软件交付模式创新，为企业提供基于 Web 和移动端的财务、进销存、电商及零售管理等云服务，帮助企业打造智能化、移动化和一体化的经营管理体系，无须安装和维护，直接在线使用，满足企业管理者在任意时间和地点对企业业务和财务数据进行查询、分析和决策
金蝶·管易云	主要针对电商企业，是企业电商云服务平台，基于标准化 SaaS 产品 C-ERP，为中小微企业提供稳定、易用和高性价比的电商云业务处理能力；基于核心产品金蝶管易云·苍穹为中大品牌及企业电商提供专业的行业化业务处理能力和便捷个性化服务能力，已与淘宝、京东等 150+ 主流电商平台建立深度合作关系

金蝶旗下的管理软件主要包括三种，分别是金蝶 EAS Cloud、金蝶 s-HR Cloud 和金蝶 KIS 云。下面分别介绍这三类软件。

● 金蝶 EAS Cloud。

金蝶 EAS Cloud 主要面向大型集团型企业，基于云计算，为这类企业提供一体化、智能化的业务解决方案，是集团企业数字化平台，可为集团企业提供多种解决方案。

①集团财务管控、战略管控、人力资源管控和企业治理与商业智能分析等解决方案。

②复杂的内部交易、协同供应链和大企业工业互联网平台等高校运营管理解决方案。

③基于国产化的操作系统、数据库和应用软件的完全自主可控的解决方案。

● 金蝶 s-HR Cloud。

金蝶 s-HR Cloud 主要面向企业人力资源，通过专业的人力资源管理核心平台、社交化的全员自助服务平台和开放的云端应用，帮助集团企业构筑核心组织能力。

● 金蝶 KIS 云。

金蝶 KIS 云主要面向中小微型企业，是中小微企业管理云服务平台，是为响应国家推动企业上云用云部署要求，结合企业管理实际需求打造的中小微企业管理的云服务产品。该产品的主要特点有四个。

账套备份，数据安全可控。每天自动进行账套数据备份，滚动保存最近一个月的经营数据。

金蝶专业运行维护，交付实施快速。无须专业的 IT 运行维护，最快当天就可以交付使用。

按需购买，最小投入，最大使用。 高并发按模块销售，无须企业自购服务器。

异地管理，随时随地云上办公。 该产品不受地域和环境的限制，在国内外都可畅通使用。

金蝶 KIS 云又分为金蝶 KIS 云旗舰版、金蝶 KIS 云专业版和金蝶 KIS 云商贸版等产品。各版本有其自身的特点，见表 2-9。

表 2-9　金蝶 KIS 云的三个版本

版　本	说　明
金蝶 KIS 云旗舰版	专门面向中小微工贸一体企业，提供完整的数字化转型解决方案，帮助企业上云、用云，全面深化企业从研发、生产到经营、管理和服务等环节的数字化应用，全面助力企业实现数字化转型升级
金蝶 KIS 云专业版	主要面向中小微工贸一体企业，结合这些企业的实际管理需求，提供一站式云服务应用，包括采购、生产、仓储、销售、财务和移动经营等业务环节的数字化解决方案，助力企业轻松上云、用云
金蝶 KIS 云商贸版	专门面向中小微商贸企业，提供完整的数字化转型解决方案，围绕"以客户为中心"的核心理念，帮助企业上云、用云，全面深化企业从经营到管理的数字化应用

了解了用友和金蝶的这么多云服务和软件产品，能够明显知道，各产品都有自己的适用群体和企业类型，要想财务软件在企业经营管理工作中发挥应有的作用，企业就必须结合自身发展现状和需求，选择适合企业的财务软件或云服务，这样才能真正使财务工作电算化、数字化和智能化，从而提高财务工作效率。

如果企业使用了不合适的财务软件，不但不能提高财务工作效率，还可能会因为工作重复或软件使用不畅而降低工作效率。

8. 建立规范完整的账套

账套就是存在会计核算对象的所有会计业务数据文件的总称，账套中包含的文件有会计科目、记账凭证、会计账簿和会计报表等。这里的核算对象可以是企业的一个分部，也可以是整个企业。

在会计电算化下，企业的账套建立在财务软件中。只有建立了规范、完整的账套，企业才能顺利地做账、登账、对账和编制财务报表。那么，如何建立规范完整的账套呢？下面以金蝶 KIS 教学版为例，介绍建立账套的过程。注意，企业在真正选用财务软件时，并没有教学版这个版本，而应从旗舰版、专业版和商贸版中任选其一。

案例实操 使用金蝶KIS教学版学习建立账套

由企业统一购买专业的财务软件，并由专业人士安装维护。安装完成后，会在各财务人员的电脑桌面上形成快捷方式，如图 2-6（左）所示。通过电脑左下角的"开始"菜单，先启动财务软件附带的"加密服务器"程序，如图 2-6（右）所示。

图 2-6　安装财务软件并启动加密服务器程序

启动加密服务器后，回到桌面，单击财务软件的快捷方式图标，在打开的对话框中单击"新建账套"按钮，如图 2-7（左）所示。在打开的"账套管理登录"对话框中输入用户名和密码，单击"确定"按钮，如图 2-7（右）所示。

在打开的"新建账套"对话框中设置账套号、账套名称和单位性质，单击"数据库路径"文本框右侧的展开按钮，如图2-8（左）所示。在打开的"选择数据库文件路径"对话框中选择账套保存的路径，单击"确定"按钮，如图2-8（右）所示。

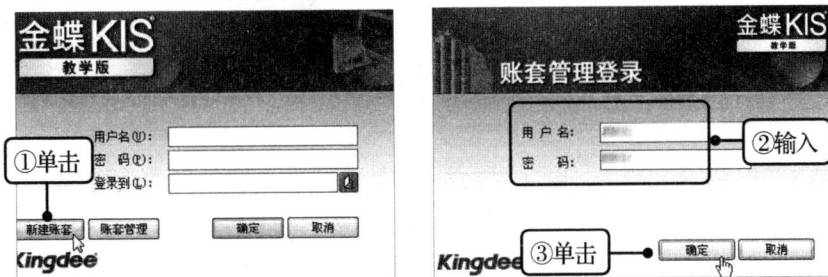

图2-7　设置账套用户名和密码

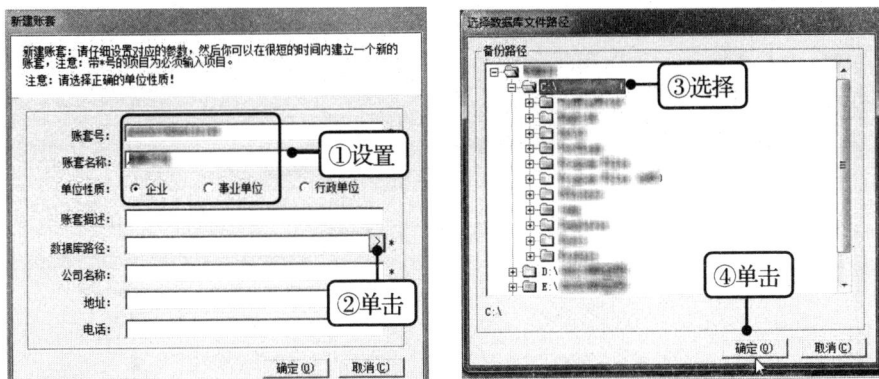

图2-8　选择单位性质并设置账套保存路径

返回"新建账套"对话框，继续输入公司名称、地址和电话，单击"确定"按钮，如图2-9（左）所示。此时系统开始自动建立账套，同时显示进度条，可实时了解账套的建立进度，账套建立完毕后，会提示用户"新建账套成功"，单击"确定"按钮，账套就建立完成了，如图2-9（右）所示。

至此，账套的建立并未结束，还要对账套属性和初始参数进行设置。在打开的"账套管理"对话框中，选择新建的账套，单击"属性"按钮，如图2-10（左）所示。在打开的"账套属性"对话框中单击"确定"按钮，如图 2-10（右）所示。

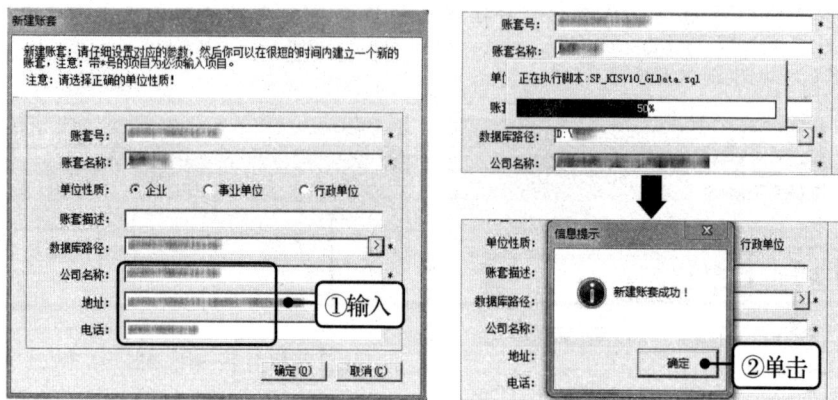

图 2-9　设置公司基本信息完成账套的建立

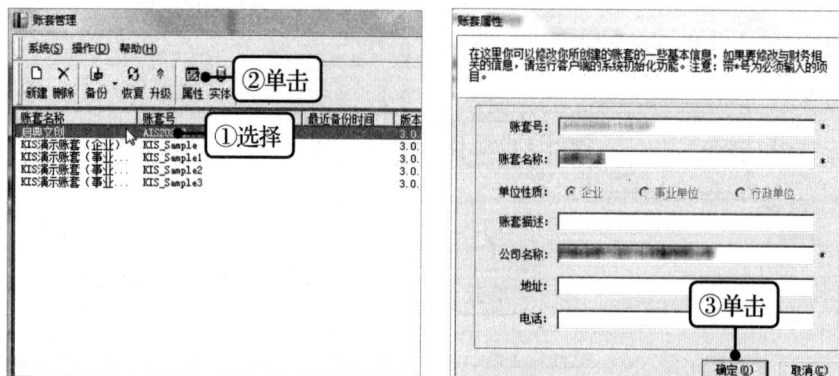

图 2-10　设置账套的属性

　　随后，系统会提醒"账套基本属性修改成功"字样，此时单击"确定"按钮后就会直接打开"系统登录"对话框，然后进行登录操作，具体可参照后续操作步骤。

　　如果是非首次登录财务软件，则双击电脑桌面上的财务软件快捷方式图标，打开"系统登录"对话框，选择新建的账套，单击"确定"按钮，如图 2-11（左）所示。进入财务软件主界面，在界面左侧单击"基础设置"选项卡，在界面右侧单击"系统参数"按钮，如图 2-11（右）所示。

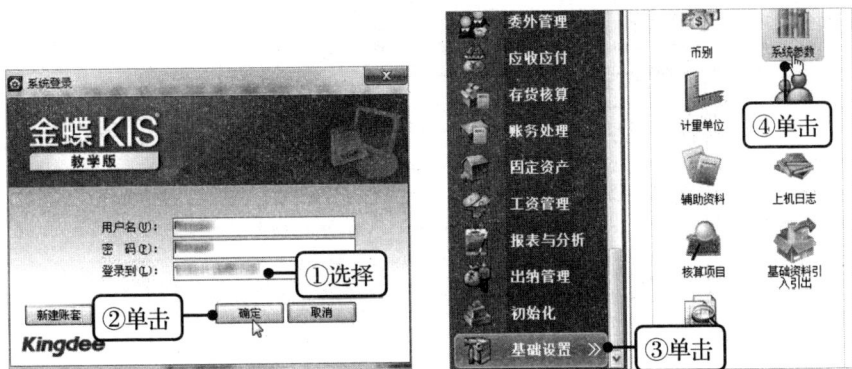

图 2-11　选择要使用的账套并开始基础设置

在打开的"系统参数"对话框中，根据企业自身的经营信息和经营管理要求，填写税号、银行账号、地址、电话和记账本位币等系统信息，填写完毕后单击"确定"按钮，如图 2-12 所示。

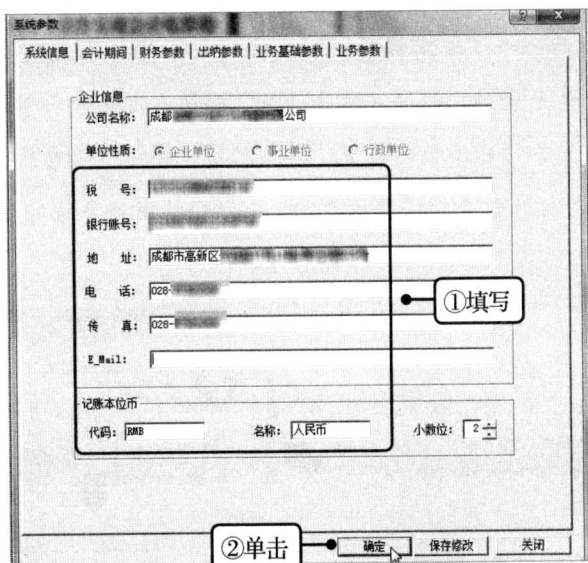

图 2-12　如实填写企业基本信息

依次切换对话框上方的选项卡，将与企业经营相关的信息填写完整，最后单击"确定"按钮或"保存修改"按钮，保存基础设置，如图 2-13 所示。

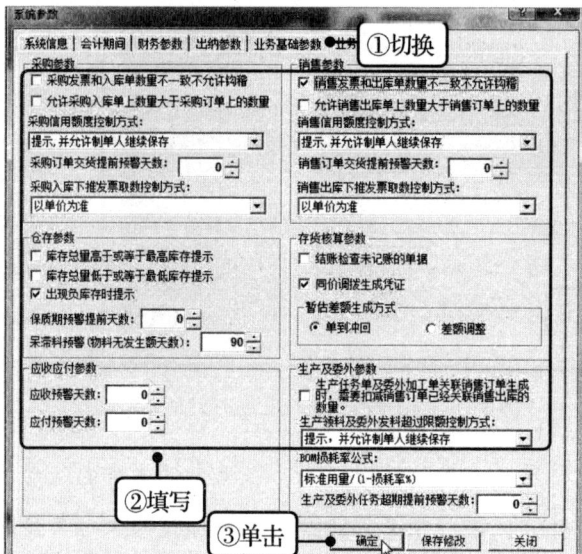

图 2-13　设置其他企业经营信息的参数

　　此时会打开一个"信息提示"对话框，提示操作人员确认出纳初始参数的设置并确认是否启用账套，单击"是"按钮，打开另一个"信息提示"对话框，确认业务初始参数的设置，单击"是"按钮确认启用，再单击"确定"按钮。接着打开财务软件登录界面，重新登录财务系统即可，如图 2-14所示。

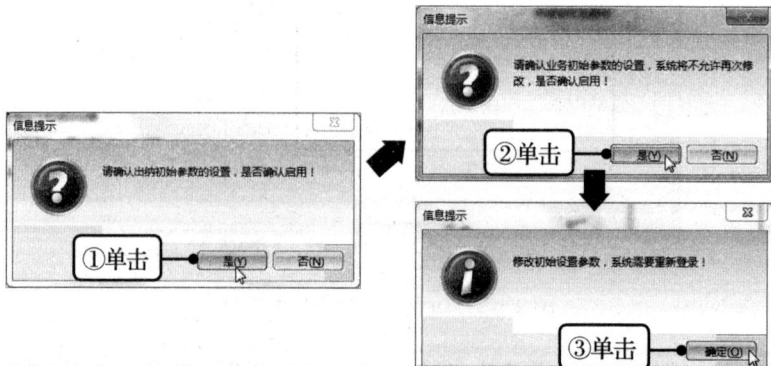

图 2-14　确认各项参数并启用账套

第3章

财务日常工作的高效率操作

　　财务工作繁多，而且有些工作内容还比较复杂困难，为了能够高效率地完成财务任务，财务人员必须掌握财务日常工作中的一些高效率操作，使工作更顺畅，节省工作时间，从而提高工作效率。

1. 掌握高效沟通方法促使工作顺利完成

在实际财务工作中，各项工作内容并没有明显的划分界限，反而很多工作之间都需要相互配合才能完成。在相互配合的过程中，必然需要各方进行沟通，很显然如果沟通不顺畅，就会影响工作的顺利开展，进而降低工作效率。所以，要想在日常工作中提高工作效率，就必须掌握高效沟通方法，促使工作顺利完成。

那么，日常工作中有哪些高效沟通方法呢？

● 沟通前要明确沟通对象和目的。

由于沟通对象和沟通目的不同，选用的沟通方式也不同，所以要从源头上节省时间，就必然需要先明确沟通对象和沟通目的，方便快速找到适合的沟通方式。

比如，关于某一个账目记录不正确，则需要直接确定的沟通对象就是记录账目的财务人员，目的是弄清楚为什么账目记录不正确。如果从直接沟通对象处得知其确实按照原始票据登记了账目且没有错误，则此时就要确定下一个沟通对象，即负责原始凭证获取或填制的人员，继续弄清楚为什么票据上的金额或会计信息有误。以此类推，找到最终的责任人。

● 在沟通过程中要清晰简洁地传递信息。

在与人沟通的过程中，如果表述不清楚，或者表达过于复杂，很可能使倾听者抓不到沟通的重点，甚至不明白沟通的内容和目的到底是什么，这样容易使沟通双方不在一个"频道"内交流，耗费多余的时间，降低沟通的效率，从而影响工作的进度。所以，清晰简洁地传递信息非常重要。

比如，发现账目记录不正确问题在沟通中要简明扼要地传递3个要点信息。

①找到直接记录账目的人——谁该接受信息。

②直接将错误的账目给记录人看——选择有效的信息传递方式。

③指出错误的地方问为什么——确定信息内容。

● 在沟通过程中倾听者要学会倾听。

沟通过程中并不是只有传达者需要学会提高沟通效率，倾听者和信息接收者也应负起提高沟通效率的责任，学会倾听。而学会倾听可以从认真、积极和掌握倾听技巧等方面入手，具体见表3-1。

表3-1 学会倾听的手段

手　段	说　明
认真听	倾听者要全神贯注地倾听诉说者的话
积极听	①积极地给予诉说者回应，对对方所说的话表示感兴趣，比如用"不错""哪里呢""我也这么认为"和"你觉得应该怎么办"等语言，或者通过点头、微笑等肢体动作来表达想要继续沟通 ②主动提示问题，在沟通过程中对自己不明白的地方主动提出问题，了解诉说者的意思，促使诉说者用另一种形式表述其意思，让对方了解到倾听者在认真听并积极地做出回应 ③选择恰当的时间重复诉说者叙述的内容，让其了解自己在认真倾听，同时也可以向诉说者再次确认沟通交流的内容，以防双方理解偏差而使问题没有及时对接和解决 ④在沟通谈话后，积极主动地对对方的话进行总结，让对方了解到此时沟通过程中你的主动性，同时也可检验自己是否弄清楚了沟通内容

续表

手　段	说　明
听的技巧	①鼓励对方先开口，一般用在对方支支吾吾不知道怎么说的时候。此时向对方表达出愿意听其意见或看法的态度，有助于建立融洽的关系，彼此接纳，促进沟通过程顺利进行 ②适时提问，当不明白对方在说什么，或者与对方的看法、意见等不同时，可实时提问，如"你觉得哪里有问题呢？""你觉得这样才是对的吗？那如果……"等，可变被动为主动，快速找到问题或异议所在，促使沟通进入重要的交流环节 ③切忌多话，倾听者要有倾听者的样子，主要任务是倾听，次要任务是给出反应和反馈。如果倾听者话太多，很可能会影响诉说者表述问题，不利于沟通的继续，也容易引起诉说者的反感，导致其放弃沟通 ④不要过分在意表述细节，即不要咬文嚼字，否则会给诉说者一种不好相处的感觉，从而放弃沟通 ⑤不要过早地发表意见或结论，过早地发表意见或结论不仅可能打乱诉说者的思绪，使问题被掩盖，还可能出现武断下结论的情况，会给诉说者一种心太急、做事不稳重的印象。一般来说，要在诉说者把话说完后再给出最终的反馈和解答，这样才能真正达到沟通的意义 ⑥适当前倾身体靠近说话者，前倾身体靠近说话者的前倾角度一定要掌握好，过近会给说话者压迫感，甚至招致说话者的嫌恶，不利于沟通交流的继续。而与说话者离得太远，很可能听不清楚说话者的声音，从而无法正常交流

● 诉说者要学会接受反馈。

接受反馈算是沟通过程的结尾，只有接受反馈，沟通才算有意义。那么如何才能有效地接受反馈，提高沟通效率呢？

避免自卫心理。虽然自卫心理是每个人的本能反应，但在一定环境中，沟通者之间要主动放下自卫心理，以便更好地接受对方和谈话内容，也避免在听到对自己不利或不好的内容时就火急火燎地反对对方，使沟通能顺利地进行下去。

接收反馈后要给出明确的态度。沟通中，任何一方接收到对方给出的反馈后，都要表明自己的态度，或理解，或同意，或赞成，或支持，或不同意等。如果不表明态度，则对方可能认为你没有听懂沟通的内容，或者你内心有不满但又不说，双方不但会增加嫌隙，还会影响沟通的质量，使沟通达不到解决问题的目的。

2. 主动向领导汇报工作，早发现问题早改正

大部分人认为在工作当中做好自己的本职工作就行，没有积极主动的一面。这样一来，虽然自己的工作在规定时间内完成了，但完成情况如何，以及工作中是否出现问题等就无法及时被发现，很可能会影响其他环节的工作。

所以，在工作中要积极主动地与同事保持沟通，主动向领导汇报工作，有助于尽早发现问题并改正。那么，主动向领导汇报工作主要包括哪些要点呢？

（1）哪些工作需要主动汇报领导

主动向领导汇报工作也不是说要事无巨细地向领导汇报，这样既浪费时间，也会让领导觉得你没有工作能力。工作中要抓住重点和要点，向领导进行工作汇报。那么，哪些工作是需要主动向领导汇报的，或者哪些问题是需要主动向领导重点说明的呢？

- 需要严格控制进度的工作，在进行到一定阶段时要主动向领导汇报具体的工作进度，比如投资项目的资金运行情况。
- 工作中遇到问题，且与同事之间讨论后也无法得出解决办法的，需主动向领导说明情况，给出几种办法供领导选择。

● 当针对某一项工作，自己有了更好的解决办法，但又不能得到原负责人的认可时，可主动向领导汇报工作，提出自己的意见或建议，让领导做出取舍。一旦意见或建议被采纳，以后做同样的工作时就可用更好的办法处理，节省时间，提高工作效率。

● 当发现同事之间有工作内容是重复的，或者有工作内容应该岗位分离而没有分离的情况，以及存在舞弊漏洞等，都可以主动向领导汇报，协助领导建立更完善、科学的组织结构，为提高工作效率创造良好的工作环境等。

（2）要掌握好主动汇报工作的节奏

要想把握好主动向领导汇报工作的"度"，不仅要了解哪些工作需要向领导主动汇报，还应掌握主动汇报工作的节奏，否则主动汇报工作太频繁，会耽搁领导的时间，也会让领导感觉你办事无效率。

而不主动汇报又会让领导错以为你在工作中没有积极性，就没有重用你的想法，你在工作中就得不到提升，同时工作效率也不会很高。那么，如何把握主动向领导汇报工作的节奏呢？一般有三种汇报时间。

● 定期汇报。

定期汇报适用于大多数工作，这里的"定期"可以是每天，也可以是每周，还可以是每月甚至每个季度，具体的定期时间由事务大小和重要程度等决定。事务较小的或偶尔发生的，或者不太重要的工作，可每个季度或者每个月向领导汇报一次，如每月银行存款余额的对账情况，因为一般每月对账一次，所以可每月主动向领导汇报工作；如领导交办的需要在一两天内完成的工作，需每天向领导汇报工作进度，方便调整工作时间。

但是对于一些特殊的工作，虽然重要，但因为其本身具有自身的周期性，所以需要按照相应的周期进行定期汇报。如财务报表的编制情况，需每月主动向领导汇报编制工作。

● 中途汇报。

中途汇报即在工作过程中或者完成任务的中途向领导主动汇报情况。一般来说，一项工作或任务能够非常顺利就完成了，或者所需耗费的时间非常短，通常不需要在中途向领导主动汇报工作。需要在中途主动向领导汇报工作的情况主要有两种。

一项工作或任务需要很长时间才能完成。这样的工作时间跨度大，为了防止过程中出现问题而不能及时发现，就需要工作者或负责人在中途选择适当的时间主动向领导汇报工作的情况和进展，使领导对该项工作或任务有大致的了解，使其在可控范围内发展。

一项工作或任务在进行过程中有意外事故发生。意外事故的发生属于突发情况，通常是无法预料到的情况或问题出现了。当前可能没有积极有效的措施予以应对，所以应主动向领导汇报情况，让领导知晓意外的发生，同时协助领导快速给出处理办法，提高工作效率。

● 只在工作完毕后汇报。

那些在较短时间内就能完成的工作任务，没有必要向领导进行定期汇报，更没有必要在中途向领导汇报，否则反而会浪费时间，降低工作效率。比如领导临时交办的在半天之内甚至一两个小时之内就能完成的工作，只需要在工作完毕后主动向领导汇报完成情况。

（3）选择恰当的汇报方式

工作中，汇报情况的方式主要有两种：一是口头汇报；二是书面汇报。很显然，口头汇报直接用说的，而书面汇报需要形成规范的文件或文档，口头汇报比书面汇报更省事，也更省时。但是，两种汇报方式各有优缺点，且适用不同的情形。只有选择合适的汇报方式，才能提高工作汇报效率。

● 口头汇报。

口头汇报一般适用于汇报内容比较简单的工作情况，或者是领导急需要知道的情况，或者领导是"听众型"的领导。

如果面对的是"听众型"领导，即使汇报内容比较复杂，或者汇报内容较多，也尽可能地向领导进行口头汇报。

口头汇报需要汇报人与领导之间面对面交流，有问题能第一时间发现并讨论解决。但是口头汇报不容易在脑海中产生深刻的印象，且可能听过一遍之后就忘记了，不利于深入研究问题。另外，口头汇报对汇报者的口语能力要求较高，如果口语能力较弱，则在向领导进行口头汇报时，可能无法清楚地汇报工作的情况，领导也就无法了解工作的真实状态，对提高工作效率也是不利的。

● 书面汇报。

书面汇报一般适用于汇报内容较复杂或者很重要的工作，以及需要保留纸质文档的工作。汇报者在向领导汇报工作进展和完成情况时，需要将详细内容通过书面形式写明白、写清楚、写详细，内容一般较多，所以需要形成纸质文档以更方便领导了解工作的具体情况。

同理，如果面对的是"读者型"领导，则简单的汇报内容也尽可能地形成书面文件，供领导翻阅查看以了解工作情况。

书面汇报有助于将事情的来龙去脉叙述清楚，同时将工作中存在的问题表述完整，且留有白纸黑字的记录，可供日后查阅和查证，对明确责任有很好的帮助。但书面汇报会耗费更多时间，单纯从时间和汇报速度来看，会降低工作效率。

因此，主动向领导汇报工作时不仅要考量计划汇报的内容是否有向领导汇报的必要性，还要选择合适的汇报频率和汇报方式，才能提高工作效率。

3. 从凭证的填制到审核，要关关把控

对企业来说，凭证包括原始凭证和记账凭证。这些凭证是财务人员登记账簿和编制财务报表的依据，一旦出错，后续的账簿登记工作和报表编制工作都会出问题。如果不在前期对凭证的填制和审核加以控制，就可能拖慢整个会计工作流程，降低工作效率。

（1）把控凭证的填制规范以提高工作效率

如果凭证填制规范，则出错的概率就会减小，需要多耗费时间来纠错的可能性也就越小，相应地就可以提高工作效率。而不同凭证，其填制规范是不同的，下面就具体介绍原始凭证和记账凭证的填制规范。

● 原始凭证的填制规范。

原始凭证是一切会计事务的第一环，因此其填制规范包括记录真实、内容完整、手续完备、书写清楚且规范、编号连续、不得涂改、不得刮擦、不得挖补以及填制要及时。具体说明见表3-2。

表3-2 原始凭证的填制规范

规 范	说 明
记录真实	填制原始凭证时，涉及的经济业务内容和数字必须真实可靠，且符合实际情况
内容完整	填制原始凭证时，要求填列的项目必须逐项填列齐全，不得漏填或省略不填。除此以外，单项的企业名称必须填写全称，不能简写；产品或服务的名称与用途等要简明扼要；有关负责人的签章必须齐全；原始凭证的填制时间必须到年月日
手续完备	企业自制的原始凭证必须要有经办人的签章，对外开出的原始凭证必须要加盖本企业的公章或财务专用章。从外部获取的原始凭证，必须检查是否加盖填制单位的公章或财务专用章；从个人处取得的原始凭证必须检查是否有填制人员的签章

续表

规　范	说　明
书写清楚、规范	填制原始凭证时，书写的文字要简明，字迹要清晰可辨，不能使用未经国务院公布的简化汉字；大小写金额的书写必须符合填写规范
编号连续	在填制原始凭证时一定要连续编号，以便日后查账。如果凭证在开始启用时就已经装订成册，则一般已经预先印定编号，且编号一定是连续的，为了保证编号连续，这类凭证在填制过程中如果因错误而需要作废，则直接在凭证上加盖"作废"戳记并妥善保管，而不能直接撕毁作废的凭证
不得涂改、刮擦、挖补	当填制原始凭证时发生错误，需要按照规定的方法进行更正和修改，不能直接在凭证上涂改、刮擦和挖补。如果是金额填错了，则应由开具方重新开具，不能在原始凭证上直接更正；如果是除金额以外的其他错误，可由开具方重开或在错误的地方按规定方法进行更正，且更正过后还要在更正处加盖更正人的印章或单位印章
填制及时	填制原始凭证要及时，尽可能在业务发生或事项完成时就将凭证填制好，并按规定程序及时送交下一环节负责人审核或处理

拓展贴士　凭证上大小写金额的填写规范

小写金额用阿拉伯数字逐个书写，不得写连笔字，金额前要填写人民币符号"￥"，且与金额之间不得留有空白；金额一律填写到角、分，无角无分的写"00"或符号"-"，有角无分的分位写"0"，但不得用符号"-"。

大写金额要用汉字"壹""贰""叁""肆""伍""陆""柒""捌""玖""拾""佰""仟""万""亿""元""角""分""零""整（或正）"等，金额前一般印有"人民币"字样，未印有的要加写"人民币"三个字且与大写金额之间不得留有空白；金额到元或角为止的，后面要写"整"或"正"字，有分的，不写"整"或"正"字。

● 记账凭证的填制规范。

记账凭证的填制除了要做到像原始凭证一样内容完整、书写清楚且规范，还有一些特有的规范，主要包括如下六点。

①只有结账和更正错账时不用附原始凭证，其他记账凭证必须附原始凭证。

②记账凭证可以根据一张原始凭证填制，也可以根据若干张同类原始凭证汇总填制，还可以根据原始凭证汇总表填制，但不能将不同内容和类别的原始凭证汇总填制到一张记账凭证上。

③负责填制记账凭证的会计人员应按照业务发生的顺序并按不同种类的记账凭证连续编号，如银收字1号、银收字2号……或者现收字1号、现收字2号……如果一笔经济业务需要填制两张及以上记账凭证，则采用"分数编号法"编号，如转字$1\frac{1}{2}$号、转字$1\frac{2}{2}$号。实务中，为了便于监督，反映付款业务的会计凭证不得由出纳人员编号。

④填制记账凭证时如果发生错误，应重新填制；但如果记账凭证已经登记入账且在当年内发现填写错误，则用红字先填写一张与原内容相同的记账凭证，并在摘要栏注明"注销某年某月某日某号凭证"字样，再用蓝字重新填制一张正确的记账凭证，并在摘要栏注明"订正某年某月某日某号凭证"字样；如果记账凭证会计科目没有错误而只是金额错误，也可以将正确数字与错误数字之间的差额另编一张调整记账凭证，调增金额用蓝字，调减金额用红字；如果记账凭证已经登记入账且在以后会计期间发现有错误，则应用蓝字填制一张更正记账凭证。

⑤一张记账凭证填制完成后若剩有空行，应从金额栏最后一笔金额数字下的空行处至合计数上一空行处划斜线注销。

⑥收款凭证、付款凭证和转账凭证在样式上有些微区别，填制时要注意。

（2）严格审核凭证尽可能避免错误

严格审核凭证，可保证凭证少出错甚至不出错，从而规避出现更正凭证的可能性，节省时间，提高工作效率。那么凭证主要审核哪些内容呢？

● 原始凭证的审核。

会计人员要对原始凭证进行严格审核，主要审核内容包括六大点，见表3-3。

表3-3 原始凭证的审核内容

要　点	审核内容
审真实性	看凭证填制日期、业务内容和数据等是否真实；若是获取的外来原始凭证，要看加盖的填制单位公章或财务专用章、人员签章等是否真实；若是自制原始凭证，要看加盖的公章、财务专用章或经办人员签章是否真实有效；还要看凭证本身是否真实，以防作假
审合法性	看原始凭证记录的经济业务是否符合国家法律法规，是否履行了规定的传递和审核程序
审合理性	看原始凭证记录的经济业务是否符合企业经济活动的需要，是否符合有关计划和预算等
审完整性	看原始凭证的各项目是否齐全，是否有漏填项目，日期的填写是否完整，数字是否清晰可辨，有关人员的签章是否齐全，凭证的联次是否完整等
审正确性	看原始凭证的联次是否正确，原始凭证的接受单位名称是否正确，填写的金额和计算是否正确，小写金额前是否标明"￥"符号且是否与金额之间没有空隙，大小写金额是否一致，需要更正的错误是否按照正确的更正方法进行了更正等
审及时性	看原始凭证的填制时间与经济业务发生时间是否一致或者是否是同一天

对于原始凭证的审核结果进行正确、及时地处理，也是提高工作效率的一个手段。如果审核后原始凭证完全符合要求，要及时据以填制记账凭证并登记入账；如果审核后发现凭证不真实或者不合法，会计人员应不予

接受凭证，同时报企业负责人知晓；如果审核后发现凭证真实、合法且合理，但不完整或者不正确，会计人员应将其退回给经办人重开。

只有按照规定严格审核了原始凭证，才能保证在后续传递和使用过程中不出差错，进而提高办事效率。

● 记账凭证的审核。

记账凭证的审核主要根据六个"是否"进行，具体内容如下：

①查记账凭证所附的原始凭证，看出纳人员办理收付款业务后，是否已在原始凭证上加盖"收讫"或"付讫"戳记。

②查记账凭证是否有原始凭证为依据，所附原始凭证或记账凭证汇总表的内容与记账凭证内容是否一致。

③查记账凭证各项目的填写是否齐全，如填写日期、凭证编号、摘要、会计科目、金额、所附原始凭证张数和有关人员签章等。

④查记账凭证的应借、应贷科目和对应关系是否正确。

⑤查记账凭证记录的金额与原始凭证的有关金额是否一致，计算是否正确。

⑥查记账凭证的记录是否文字公证、数字清晰，是否按规定进行更正等。

记账凭证是财务人员登记账簿的直接依据，严格审核记账凭证能够保证账簿的登记工作顺利、正确地完成，从一定程度上可减少后期查账、对账的工作量。

无论是原始凭证、记账凭证还是后面的账簿、财务报表等，这些会计资料的处理都是环环相扣的，一环出错就会影响下一环的工作速度和质量。因此，严格审核原始凭证和记账凭证有助于提高工作效率。

4. 熟练掌握虚假发票的识别方法

虚假发票指一切单位和个人在购销商品、提供劳务或接受劳务、服务以及从其他经营活动，所提供给对方的收付款的虚假书面证明。

虚假发票不能成为财务收支的法定凭证和会计核算的原始依据，也不能成为审计机关和税务机关等执法检查的重要依据。所以，一旦获取或填制了虚假发票，就会影响企业收支业务的处理和会计核算工作的开展，从而降低工作效率。

如果财务人员和其他在工作中需要接触发票的人员能够掌握虚假发票的识别方法，就可以避免虚假发票给财务工作带来的不利影响，保证工作顺利进行下去。工作中，可以采用的虚假发票识别方法大概有 8 种。

（1）时间对照法

结合多张发票的日期与票号，看是否合理、日期是否有颠倒、票号是否相反等情况。

案例实操 发票票号与发票日期进行对比

比如某单位一名行政主管利用出纳人员交接空档，在 2020 年 11 月 27 日报销会议费 8 000.00 元，票号为×××041，而该公司同年 9 月 24 日有一张报销业务招待费的发票，金额也是 8 000.00 元，票号为同一本发票的×××056。两张发票报销金额相同，但票号与票据日期之间的先后顺序不一致，所以猜想应该是有问题。经过调查取证，发现是行政主管谎称发票丢失而要求开票方重开了以前某个时间的发票，从而生成了 11 月 27 日报销会议费 8 000.00 元的虚假发票。

（2）连号重查法

连号重查法主要针对连号发票，检查其真实性。

案例实操 对连号发票进行真实性检查

经检查，某单位 2020 年 10 月报销了两次在某酒店的住宿餐饮发票，票号分别为 ×××023 和 ×××024，涉及金额分别为 3 800.00 元和 4 200.00 元。由于发票时间在同一月份且内容相同，发票编号却连续，于是决定对这两张连号发票进行真实性检查。

经调查取证，发现 10 月开具的 ×××024 号发票系一位员工在出差期间因个人游玩花费而要求酒店开具的发票，属于虚假发票范畴。

（3）经办人关系法

经办人关系法指核对持票人身份与票据记录的物品的关系是否一致。比如某些财务用品发票不是由非财务人员经手，大额办公用品的发票不是由办公室人员经手，大额修车费不是由司机经手等。这样的发票大多都存在违规、违法情况，因此，利用经办人关系法就可检查发票的开具是否真实。

（4）经济业务内容分析法

经济业务内容分析法主要用于判断经济业务发生的具体内容是否真实，该方法适用于所有发票的经济内容真实性检查，对记录不合乎常理的经济内容的发票都可用此方法进行识别。

案例实操 查经济业务内容不合理的发票

2020 年 10 月 26 日，某公司购置了一辆新的小汽车。同年 11 月 30 日审核原始凭证时却发现有一张报销大额车辆维修费的发票，维修费共 2.50 万元。经调查，审核人员得知该笔大额车辆维修费注明的就是 10 月 26 日购买的小汽车的维修费，于是认为这项经济业务内容不合理。

经调查取证，发现是某位领导通过开具大额车辆维修费发票来虚报费用，而虚报的费用用来购买春节拜年送礼的礼物，虽然这笔费用没有使用完，但该领导没有将剩余的款项退还给公司，而是占为己有。

这种情况下，这张大额车辆维修费发票就属于虚假发票。

（5）金额分析法

金额分析法就是判断经济业务或事项的发票数量、单价及金额的合理性，金额不合理，发票就可能是虚假发票，但究竟是不是虚假发票需要财务人员进一步求证。该方法的运用与经济业务内容分析法相似。

案例实操 从发票金额的合理性检查虚假发票

2020年11月底，某公司财务人员审核原始凭证时，发现某张发票上记录2020年11月19日业务招待费8 000元。财务人员认为该金额偏高，按照当地的物价水平来分析，存在不合理，于是判断发票可能是虚假发票。为了进一步验证发票金额的合理性，经多方调查取证，最后证实该发票金额确实有误，原本只有3 500.00元的业务招待费，相关人员却让开票方开具8 000元金额的业务招待费。此时金额不正确的发票就属于虚假发票。

（6）付款判断法

付款判断法指重点检查大额现金支出发票的真实性的方法。有些企业或者财务人员通过现金收付来隐藏资金的流动，因为转账会在银行流水账中留有痕迹，所以遇到大额现金支出发票就需要提高警惕，查发票的真实性。

比如，某公司财务人员受领导指示向某开票方要求开具一张金额为1.50万元的车辆维修费发票，且该发票注明现金支付。负责审核原始凭证的财务人员发现了这张大额现金支出发票，于是进行多方查证，找出了该发票存在的问题，系某领导贪污公款而产生的虚假发票。

（7）使用时效法

使用时效法指判断出票日期与发票使用时效的合理性，一旦发票的出票日期与发票使用时效结合判断发现不合理，则发票可能存在虚假性。

比如，某公司财务人员查出某张发票的填制时间为 2020 年 11 月 23 日，经查明这种发票早在 2019 年停用了，说明该发票已经过了使用时效，如果继续使用就属于虚假发票。

（8）发票使用法

发票使用法指判断发票记录的经济业务或事项是否符合发票的使用规范，如果不符合，则发票可能是虚假发票。

比如，某公司为增值税小规模纳税人，向其客户开具了销售发票，该发票是增值税专用发票，但税率填写的是 13%。按照相关税法和税收政策的规定，税率应为 3%。这种情况就属于发票的使用不恰当问题，因此开具的发票为虚假发票。

学会识别虚假发票，防止会计信息出错，能有效提高办事效率。

5. 出纳与会计的工作要衔接得当，节约时间

出纳与会计都是事业单位的财务人员，且两者负责的工作内容是不同的，但两者的工作之间有着紧密的联系，不能划出明显的界限。实际工作中，需要出纳和会计相互配合，才能顺利、有效地完成相应的财务工作。

一旦两者配合不好，就很可能影响工作进度，降低工作效率。

● 出纳。

出纳是按照有关规定和制度，办理本企业的现金收付、银行结算及保管库存现金、有价证券、财务印章和有关票据等工作的总称。通俗地说，出纳"管钱"。

● 会计。

会计指把对企业有用的各种经济业务统一成以货币为计量单位，运用专门的方法，通过记账、算账和报账等一系列程序来提供反映企业财务状况和经营成果的经济信息的一项经济管理活动。通俗地说，会计"管账"。

● 出纳与会计工作之间的衔接内容。

实际工作中，出纳与会计工作之间需要衔接的地方见表3-4。

表3-4　出纳与会计工作之间的衔接内容

条目	需要衔接的工作内容
1	出纳人员开具或收到的发票、收据以及其他原始凭证等，要及时交给财务人员，以便填制记账凭证
2	出纳人员在向员工放款之前，必须与财务人员核实经济事项和相应的付款通知单，确认无误后再进行放款
3	员工向公司借款时，出纳人员需及时将员工填写的借款单递交给会计人员，通过审核后才予以借出款项
4	出纳人员从银行提取现金或者将多余的现金存入银行后，需要及时将银行收款通知单和付款通知单递交给会计人员，以此填制现金和银行存款收付款凭证，进而登记现金日记账和银行存款日记账
5	每月末对账时要积极配合会计人员进行实地考察，检查库存现金和银行存款是否账实相符

从表3-4可知，出纳与会计需要衔接的主要工作内容是凭证之间的传递要及时，款项的收付要取得相应的凭证并交给会计用以做账，对账工作

要求出纳和会计协同完成。换句话说，出纳与会计之间要各自按时、保质地完成自己的本职工作，才能使出纳与会计的工作衔接得当，从而节约时间，提高工作效率。

6.重视各种辅助账簿的设置与使用

辅助账簿一般还称为"备查簿"，是为了备忘、备查而设置的一类会计账簿。在会计实务中主要包括各种租借设备和物资的辅助登记账簿，或者是有关应收、应付款项的备查簿以及担保、抵押备查簿等。各单位可根据自身管理的需要，设置相应的辅助账簿。

辅助账簿一般用来登记财务报表，汇总需要说明原因的重要交易或事项，或报表外的重要交易或事项。它可以补充说明总分类账和明细分类账不能详细反映的资料。实务中企业可根据自身需要从下列备查簿中选择有用的进行设置。

（1）应收账款备查簿

应收账款备查簿用于登记财务报表内需要说明原因的重要应收款项或表外应收款项，如企业债务重组情况。如果未来应收金额大于应收债权账面金额，则未来应收款项在债务重组时不做账务处理，但需要在备查簿中进行登记，等到实际收到债权时，如果实际收到的金额确实大于应收债权账面金额，则将两者的差额作为当期营业外收入处理。

同理，当企业以应收债权取得质押借款时，因用于质押的应收债权的相关风险和报酬并没有发生实质性变化，虽然不用做账，但也需要在备查簿中进行登记，详细记录质押的应收债权的账面金额、质押期限和回款情况等。

（2）应收票据备查簿

应收票据备查簿用于逐笔登记每一张应收票据的种类、编号、出票日期、票面金额、票面利率、交易合同号以及付款人、承兑人和背书人的姓名或单位名称等信息，还有到期日、贴现日期、贴现率、收款日期、收回金额以及退票情况等，应收票据到期结清票款或退票后还应在该备查簿中逐笔注销。

到期不能收回的带息应收票据在转入"应收账款"科目进行核算后，期末不再计提利息，其中包含的利息应在相关备查簿中登记，待实际收到利息时再冲减收到利息当期的财务费用。

（3）应付票据备查簿

应付票据备查簿用于详细登记每一张应付票据的种类、编号、签发日期、到期日、票面金额、票面利率、合同交易号、收款人姓名或单位名称、付款日期以及金额等信息。应付票据到期结清款项后，应在备查簿中逐笔注销。

（4）应付债券备查簿

企业发行债券时，应将待发行债券的票面金额、债券票面利率、还本期限与方式、发行总额、发行日期和编号、委托代售部门以及转换股份等情况在该备查簿中登记。

（5）持有股票备查簿

如果企业进行了股票投资，则持有股票期间获得股票股利时，不做账务处理，但需要将增加的股份和获得的股票股利的具体情况详细地登记在持有股票备查簿中。

（6）分期收款发出商品备查簿

当企业采用分期收款方式销售商品时，需要将分期收款发出商品的数量、成本、售价、代垫运杂费、已收取的货款和尚未收取的货款等情况在该类备查簿中详细记录。

（7）委托加工来料备查簿

当企业接受外单位的来料加工委托或者装配业务而收到原材料、零件等时，需将这些原材料和零件的收发存数额登记在委托加工来料备查簿中。因为这些情况下的物资，其所有权不属于本企业，所以不能将其通过"原材料"科目核算，需要使用备查簿详细登记。

（8）代管商品备查簿

对于一些特殊的库存商品，企业不能通过"库存商品"科目进行核算，而应该通过代管商品备查簿来进行逐笔登记。比如已经办完销售手续，但购买单位在月末时尚未提取的库存商品，此时的商品所有权已经转移给购买方，因此销售方不能再通过"库存商品"科目记录商品的价值，需要在代管商品备查簿中进行详细登记，包括已售出商品的单价、数量、金额、售出时间、购买方单位名称以及款项是否支付等信息。

又比如，企业以集资合作方式修建的职工住房，在建成后按代管资产处理，此时需要设置相应的备查簿予以登记这类住房的信息。

（9）在用低值易耗品备查簿

企业的财务报表中只会记录低值易耗品的账面余额，对于低值易耗品的具体使用情况是不会记录的。为了加强企业的实物管理，则需要开设一本备查簿，用于登记在用低值易耗品的具体使用情况，如在用低值易耗品的数量、价值、启用时间、结束使用时间以及低值易耗品的摊销情况等。

另外，施工企业或者一般的企业，在使用周转材料以及使用部门退回仓库的周转材料时，也要加强实物管理，通过备查簿进行使用情况的详细登记。

（10）出租出借包装物备查簿

这类备查簿用于登记企业出租、出借包装物的具体情况，比如出租、出借包装物的价值、数量、出租或出借日期、到期日以及实际收回日期等信息。这样，企业就可以有效地加强实物管理。

（11）在建工程其他支出备查簿

这一类备查簿专门用于登记基建项目发生的、构成项目概算内容但不通过"在建工程"科目核算的其他支出，包括按照建设项目概算内容购置的不需要安装设备、现成房屋、无形资产以及发生的递延费用等。这些支出在发生时要通过"固定资产""无形资产"和"长期待摊费用"等科目核算，同时在在建工程其他支出备查簿中进行详细登记。

（12）递延税款备查簿

如果企业采用纳税影响会计法进行所得税会计处理，就需要设置递延税款备查簿，详细记录发生时间性差异的原因、金额、预计转回期限和已转回金额等信息。

（13）发票备查簿

发票备查簿主要用来详细登记企业的增值税专用发票和增值税普通发票以及其他发票的领购、缴销和结存等情况。这样可使发票的使用情况有据可循，防止发票丢失、散落或被盗，保证发票的安全性和完整性。

（14）实收资本（或股本）备查簿

这类账簿用于登记企业的资本或股本的变化情况。比如，投资者按规定转让其出资的，企业应在有关转让手续办理完毕时将出让方转让的出资额在资本或股本账户的有关明细账户中进行记录，同时还要在相应的备查簿中记录转让出资额的详细情况。

又比如，企业因减资而注销股份、发还股款以及因减资而更新股票等变动情况，除了要在资本或股本账户的明细账中进行登记，还要在实收资本（或股本）备查簿中进行详细记录，如转让出资额的时间、出让方名称、受让方名称以及转让出资额方式等。

（15）股权投资未确认亏损备查簿

当企业用权益法核算并确认被投资单位发生的净亏损时，以股权投资账面价值减记至零为限。如果被投资单位在以后会计年度继续发生亏损，则对企业来说没有确认的亏损额就应该登记在备查簿中。

辅助账簿的设置与使用，可帮助财务人员尽快地理清各类账目的来源和去处，减少盲目查账所浪费的时间，从而提高工作效率。

7. 掌握科学、有效的催账方法

在实际经营过程中，为了促使销售业务能顺利完成，很多企业不得不实行赊销政策，先让购买方提取产品，然后在规定的时间内支付货款。而销售货款不能立即收回，对销售企业来说就存在一定的隐患，例如款项无法收回，或者能够收回的款项只有其中一部分，又或者购买方故意拖欠货款等。

上述这些隐患都会给企业带来或多或少的经济损失，如果最终货款全部无法收回，比如购买方企业破产、解散，企业就会面临重大经济损失。为了保证企业经济不受损，或者少受损，衍生出了一项工作任务，即催账。

实务中，企业的催账工作通常由相应订单的负责人开展，偶尔也会根据企业的需求安排财务人员催账，具体是什么情况要看企业自身对催账工作的安排。

但是，并不是打电话通知购买方付款或者上门要求购买方支付货款，或者以威胁、压迫的方式使付款方支付货款，就叫"催账"。催账方法不当不仅不利于账款的回收，还可能触犯法律，所以负责催账的人员必须掌握科学、有效的催账方法，使企业不仅能顺利地收回货款，还能提高收回货款的效率。无论是哪种方法，企业都要保存好相应的单据和凭证，防止出现经济纠纷，影响款项的回收。

● 催账前先弄清楚客户欠款原因。

催账之前弄清楚客户欠款的原因，可帮助催账人员及时了解应收账款的具体情况，做出是否需要催账的决定。如果是客户资金紧张，暂时无法付款，则没有必要穷追不舍地催款，否则反而会使付款方产生厌恶感，不利于账款的回收。

如果经过多方查证，发现是付款方故意拖欠货款，则需要立即制订催账计划，实施催账工作，尽早收回货款。如果不知道客户为什么迟迟不付款，则也需要尽快向客户催款，由此得知客户为什么迟迟不付款、什么时候可以付款等信息，这样企业在收回货款的工作中就可以占据主导地位。

● 直接找第一负责人。

直接找第一负责人进行催款的好处是，可以防止各中间人相互推诿、长时间无法收回款项的情况。一般来说，第一负责人有完全付款责任，他的承诺更准确，会使催账工作的开展最有效。

● 通过应收款项的账龄确定收款时间。

企业应坚持"定期收款"原则，因为拖欠货款的时间越长，收回来的可能性就越小，企业面临损失的风险就越大，而定期收款就可以有效避免这样的情况发生。

通常账龄越大的款项，负责催账的人就要重点关注，并采用强有力的手段进行催收，以期能收回款项。如果账龄较小，即客户欠款的时间较短，可以先以提醒付款的方式通知客户按时付款，这样既可以起到及时提醒的作用，也不会给客户造成太大的压力而影响双方的合作关系。

● 切忌过激行为。

账款即使非常急着收回，催账人员也不能有过激行为，否则容易陷入民事纠纷，甚至刑事纠纷，这样不仅不能尽快收回欠款，还会使企业陷入不必要的麻烦中，得不偿失。

● 切忌让步同意欠款人先付一部分款。

工作中，常见一些企业为了减少损失，同意欠款方先支付一部分款项，然后资金到位了再支付剩下的钱款。殊不知，这种做法并不十分有效。一旦从欠款方处获得了这部分钱款，那么欠付款方就有理由针对剩余的钱款拖欠更长的时间，对企业来说显然是不利的。

这种"缓兵之计"带来的不利影响一定要在催账时引起重视，不到万不得已，不要用。这里所说的"万不得已"主要是在欠款方确实在以后的很长一段时间内都没有偿还货款的能力的情况，企业先收回一部分欠款则可以减少损失，避免欠款期过长而货款全部无法收回。

● 注意催账用语。

无论是面对面催账，还是通过催款函催账，都要注意催账用语，包括说话语气和文字表述语气。切记不要过于卑微，也不要过于强势。

● 及时中止供货，向付款方施压。

这种方法一般不在交易后临时使用，最好的处理方式就是双方在最初签订购销合同时，在合同中注明，如果购买方在规定的期限内不能按时付款，则销售方有权中止供货，直到购买方付清款项为止。这样能有效促使购买方按时付款。如果合同中没有注明，而销售方在交易流程中突然提出中止供货的决定，就可能导致购买方遭受损失，而此时购买方就会以合同中未说明为由要求销售方弥补其损失，这样销售方的损失就会更大。

● 走司法程序。

如果上述催账方法都不奏效，无法收回货款，此时企业就可利用法律手段，走司法程序追回客户的欠款。

第4章

熟练掌握工作细节提高效率

财务工作多且细，一不留神就可能出错。一个数字书写错误或者一个汉字书写错误，都可能使企业提供的会计信息不正确，从而影响管理者做出正确的判断和决策。掌握财务工作细节不仅能减少错误，还能提高工作效率。

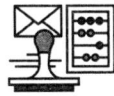

1. 熟练打字提高记账速度

在越来越多的企业实行会计电算化的今天，企业财务人员办公主要借助电脑，因此，要想提高记账速度，必然需要提高打字速度。如果财务人员连打字手法都不熟练，那么记账、登账和编制报表等工作就会很费时间，工作效率也就无法提高。

那么，如何练就熟练的打字手法提高记账速度呢？

（1）坐姿和手势

键盘打字与练习写字一样，正确的坐姿是必需的。双手一定要放松，腰板儿要挺直，眼睛平视电脑屏幕。这里要注意，电脑屏幕的倾斜程度要根据最佳视觉角度进行调整，防止屏幕太正或者太倾斜，因为这两种情况都不利于办公人员看清屏幕上的文字，严重时还会影响办公人员的视力，降低工作效率。

对于打字的双手来说，左右和右手要在规定的控制区域内活动，有能力的可以将每个手指对应的位置都记牢。但如果办公人员已经形成了自己的一套打字习惯，无须在意每个手指放置的位置，也能提高打字速度，进而提高记账速度。

无论手指如何放置，双手在键盘上敲击时要做到"手腕略微向上抬，手指稍稍弓弯曲，轻按轻抬速度快"。

（2）输入法选择

目前市面上有很多使用方便的输入法，办公人员可以根据自己的使用习惯，选择一款适合自己的输入法，这样打字速度就可以提高，记账工作的效率也就能相应提高。不同的输入法有各自的优缺点，见表4-1。

表4-1 不同输入法的优缺点

输入法	优 点	缺 点
搜狗输入法	利用强大的搜索引擎技术，根据搜索词生成输入法互联网词库，尽可能覆盖所有类别的流行词语，简化拼音输入，且具有输入记忆功能，输入过的字词以后再次输入首字母就可快速获取	对于象声字的识别不够灵敏，打字者在输入文字时很可能输入拼音相同的错别字
百度输入法	中文输入法的很多词汇都由百度的"云输入"提供，即用户在没有网络的环境中，也能凭借内置词库快速输入目标字词	词库太少，没有符号顶屏，也无固定状态栏位置，键入时不够顺畅
微软输入法	可以选择带声调输入，能极大地避免重码的出现	Shift转换中英文，左右方向键选字比较麻烦
五笔输入法	只要学会了，会是最快的输入法，且重码率低，输入速度快	需要强大的记忆力，难以掌握，能够真正学会且熟练使用的人很少
QQ输入法	词汇量较大，能自动更新，与系统的兼容性也比较好	缺点与搜狗输入法类似，对象声字识别较差，输入过程中易出现错别字

办公人员根据自己的打字习惯，结合各种输入法的优缺点，为自己选择一款合适的输入法，能有效提高打字速度，从而提高记账效率。

（3）提高打字速度的其他技巧

除了规范打字的坐姿、手势以及选择合适的输入法外，办公人员还可掌握其他一些提高打字速度的技巧。

● 善于利用快捷键。

在打字过程中，使用快捷键会明显提高打字速度。比如按【Ctrl+Shift】组合键可快速转换输入法；按【Ctrl+ 空格键】组合键可切换输入法的中英文输入状态；按【Ctrl+Alt+Delete】组合键可快速打开任务管理器启动界面；按【Ctrl+C】组合键可快速复制所选内容；按【Ctrl+V】组合键可快速粘贴已复制的内容。

需要注意的是，有些快捷键在所有软件、系统或页面中都可适用，但有些快捷键只有在特定的软件、系统或页面中才有效。具体要看软件、系统或页面对于快捷键的规定。

● 尽可能地学会盲打。

要想学会盲打，就必须熟能生巧。在掌握正确的键入手法的同时多练习，提高手指的键入记忆，形成盲打的习惯，能快速提高打字速度，从而提高会计做账速度。

● 只输入词组的拼音首字母。

在使用搜狗输入法、QQ 输入法和百度输入法等拼音输入功能时，可直接输入词组中各汉字的拼音首字母，这样可以节省输入时间，从而提高打字速度。

● 选择自己习惯使用的手机虚拟键盘。

如果财务人员利用手机办公，比如登账、记账和查询账目等，可选择自己习惯使用的手机虚拟键盘，比如 26 字母全键盘、九宫格键盘等。用自己习惯的虚拟键盘可有效提高键入速度，从而提高打字效率。

● 充分利用语音输入功能。

在手机上办公，在可以使用语音录入功能的情况下，财务人员可充分利用该功能，这样办事效率会大大提高。

2. 当天的账当天做，避免漏记而影响工作进度

对于财务工作，财务人员一旦遗漏了某项工作没有做，甚至漏记了某一笔账目，都会影响后续工作的开展，阻碍工作进度，降低工作效率。实务中，财务人员漏记账目的很大一个原因就是没有及时记账和登账。因此，为了避免漏记，应尽量当天的账当天做。

财务人员要想办法规划好一天的时间，使当天的账能在当天就做完。那么有哪些思路呢？

● 集中一段时间处理时间跨度较长的工作。

时间跨度较长的工作，如果中途被打断，就会中断财务人员的工作思维，等再次开展此项工作时，财务人员通常需要花费一些时间来回顾才能接着完成后续的工作内容。

比如，检查前一天的账目是否正确、完整，这一项工作一旦被打断，等财务人员再次接着检查账目时，很可能忘记应该从哪里开始检查，如果出错，就很可能漏查账目，给后续工作埋下隐患。相反，如果重复检查已经查过的账目，明显会浪费时间，不利于提高财务人员的工作效率，相应地也会影响当天其他工作的开展。

● 重要的工作不要跨天做。

重要的工作和时间跨度较长的工作一样，也需要集中时间一次性处理完毕，不要断断续续地做，否则财务人员的工作被中断，重要的工作效果很可能变差。

比如，在填制记账凭证时，某一经济业务涉及的会计分录较多，一张记账凭证无法记录完毕，需要填制两张甚至更多张记账凭证，这时一般采

用分数编号法为凭证编号。如果这项记账工作被中断，尤其是当天没有处理完毕，则很可能导致隔天忘记继续处理，从而出现漏记账目，给后续的登账以及编制财务报表带来严重影响。

● 每天一早将当天工作列一份清单。

人的记忆力是不稳定的，为了能更好地做到"当天的账当天做"，财务人员可在每天早上开始工作时，将当天需要处理的工作内容列一份清单，每完成一项就划掉一项。

但如果在列清单时就已经忘了某项或某些工作，则列清单也只能保证清单上的事情可以当天完成，被忘记的工作仍然处于被忘记状态。为了尽量避免这种情况出现，在列清单时财务人员就要认真思考哪些工作必须要在当天完成。

● 不得不被打断的工作要在断开处做好标签。

工作中难免会接到上级指派的临时且紧急的工作，使得财务人员手里的工作就必须要先暂停，但为了记住工作被暂停的位置，以防处理完临时紧急的工作后能快速衔接上原来的工作，财务人员可在原工作被暂停处做好标签记录。

比如，财务人员正要根据××借款单填制××号记账凭证，突然接到领导交办的修改报表数据的工作，且该工作比较急，则财务人员可使用一个便笺纸，在其上写明"接着要根据××借款单填制××号凭证"字样，防止重复记账或者漏记账目，同时还方便该财务人员在处理完报表数据修改的工作后无缝衔接接下来的工作，有效提高工作效率。

3. 及时记录财务工作中的疑难点

及时记录财务工作中的疑难点的目的是集中处理这些疑难点，避免将过多的时间花费在思考疑难点如何处理上。

财务人员需要掌握一定的工作技能才可以处理好财务工作，因为财务工作中疑难点较多。为了防止疑难点过多来不及处理，财务人员可利用一些便捷工具进行记录，同时还能达到集中处理的效果。

工作中，财务人员可在电脑中选择一个位置新建一个 Word 文档或者文本文档，将工作中遇到的疑难点按照时间先后顺序进行记录。这样不仅可以防止忘记，还能方便以后反复研究、分析和学习。

在记录过程中，可以按照时间先后顺序进行记录，也可按照不同类别的疑难点进行归类记录，具体的记录方式由财务人员根据自己的工作习惯确定。

案例实操 根据工作习惯整理财务工作中的疑难点

贾琴和伍惠在同一家公司做着会计工作，两个人的工作内容基本相同。贾琴在工作中是一个比较有时间观念的人，而伍惠在工作中善于归类分析并总结。假设12月两人在工作中遇到了一些相同的疑难点，以防时间久了忘记处理，也为了能在工作之余有系统的时间处理这些疑难点，她们分别按照自己的习惯整理了一份疑难点记录。图4-1是贾琴按照时间先后顺序整理的疑难点记录。

由案例可知，不同的人在对会计工作中的疑难点进行归纳记录时，记录方式是不同的，但只要适合自己就能有效提高工作效率。当然，如果财务人员的记忆力还不是特别差，在进行疑难点记录时可以简写，自己能看懂并理解即可，没有必要写得过于详细，否则也会消耗太多时间，同样达不到提高工作效率的目的。

2020 年 12 月 4 日
①采购人员报销的差旅费应该通过什么会计科目核算？
②收到不符合要求的发票应该怎么做？

2020 年 12 月 14 日
③向员工发放的实物性福利应该通过什么会计科目核算？不同岗位的员工其实物性福利的核算一样吗？
④为员工扣代缴的个人所得税是直接通过"应交税费"科目核算，还是通过"其他应收款"核算？

2020 年 12 月 25 日
⑤存货的盘盈与固定资产的盘盈的账务处理是一样的吗？如果不一样，分别应该怎么做账务处理？
⑥月末对账后发现银行存款余额调节表的余额数据不一致时应该做什么？
⑦怎么保证会计信息的安全性？

2020 年 12 月 31 日
⑧坏账准备如何计提？已经计提的坏账准备如何处理？

图 4-1　贾琴的财务工作疑难点记录

图 4-2 是伍惠按照会计工作类别不同整理的疑难点记录。

账务处理类
①采购人员报销的差旅费应该通过什么会计科目核算？　　　　2020 年 12 月 4 日
②向员工发放的实物性福利应该通过什么会计科目核算？不同岗位的员工其实物性福利的核算一样吗？　　　　2020 年 12 月 14 日
③为员工扣代缴的个人所得税是直接通过"应交税费"科目核算，还是通过"其他应收款"核算？　　　　2020 年 12 月 14 日
④存货的盘盈与固定资产的盘盈的账务处理是一样的吗？如果不一样，分别应该怎么做账务处理？　　　　2020 年 12 月 25 日
⑤坏账准备如何计提？已经计提的坏账准备如何处理？　　　　2020 年 12 月 31 日

票据、实物管理类
⑥收到不符合要求的发票应该怎么做？　　　　2020 年 12 月 4 日

账目差错类
⑦月末对账后发现银行存款余额调节表的余额数据不一致时应该做什么？
　　　　2020 年 12 月 25 日

会计管理工作类
⑧怎么保证会计信息的安全性？　　　　2020 年 12 月 25 日

图 4-2　伍惠的财务工作疑难点记录

4. 使用过的会计资料要及时放回原位

企业的会计资料主要包括四大类，即凭证、账簿、财务会计报表和报告以及其他会计资料。为了保证这些会计资料的完整性和安全性，很多企业都会指定专门的人负责保管，甚至有的企业会专门设置档案管理部门，保管本企业产生的各种资料，包括会计资料。

整理过后的会计资料，具体的位置信息一般都有明确记录的。如果使用人使用会计资料后没有将其放回原位，则很可能导致后期使用者无法顺利找到相应的会计资料，以至于将过多的时间花在找寻资料上，不利于提高工作效率。

相反，严格按照规定和放置位置将使用过的会计资料放回原来的保管位置，就不可能会出现后期找不到相关资料的情况，而且后期财务人员可按照相关的会计资料保管簿或使用记录登记簿等准确找到自己所需的会计资料，省时、省事，对提高工作效率大有益处。

除了将使用过的会计资料放回原位还不够，还应该及时放回。试想一下，如果会计资料使用者长时间"霸占"会计资料，没有及时将不再使用的会计资料放回其原来的存放位置，则可能导致其他同事在需要改资料时无法找到，这一点与没有放回原位相比，更浪费时间。因为及时归还了会计资料但位置放错的，后面的使用者还可能在会计资料存放处找到，只是需要花费更多的时间；但如果没有及时将会计资料放回原位，等到其他同事需要时会耗费再多的时间也找不到。

案例实操 不要认为会计资料随便放无所谓

2020 年 12 月 3 日，简玲向公司财务部专门负责会计资料保管的同事 A

借阅了上一个月的财务报表。12月7日，简玲用完后直接将财务报表随便地放在了会计资料保管处。当时同事A不在工位上，事后简玲只是口头告知同事A自己归还了报表，并没有说明归还的具体位置而同事A也没有进一步询问，时间久了，就把这件事情忘了。

12月14日，游静向同事A借阅上月的财务报表，她与同事A找了大概半个小时才找到需要的财务报表。12月17日，游静使用完财务报表后，将报表亲手交给同事A，同事A按照会计资料的保管规则将该报表放回了原位。

12月22日，财务总监需要查看上月财务报表，同事A在了解了具体是哪一份财务报表后，花了不到15秒的时间就找到了上月的财务报表。事后，财务总监还夸奖同事A工作认真、仔细，会计资料的保管工作做得不错。

由此可见，将使用过的会计资料及时地放回原位是多么重要的一件事情，该案例中前后两次找寻同样的财务报表，耗费的时间却相差很多，半小时和15秒的差距，省下来就可以处理其他会计工作，工作效率得以显著提高。注意这里的关键点有两个：一是"及时"；二是"放回原位"，两者忽略其中之一都可能降低工作效率，阻碍工作进度。

5. 财务数据的书写要规范

财务数据包括文字数据和数字数据，两类数据有共同的书写规范，但各自也具有特殊的书写规范。在本书第3章已经介绍过大小写金额的书写规范，这里不再赘述。本节主要介绍财务数据的其他书写规范。

（1）财务数据的文字书写规范

各种财务数据构成了企业的会计资料，而会计资料需提供给各方使用者阅读、使用，因此数据的规范性尤为重要。财务数据中有一类是文字数据，比如财务报表附注，通常情况下大多数都是文字内容，或者是一些需要手写的单据凭证等，也会涉及文字内容。这时，规范化的文字书写能够帮助会计资料使用者快速且清晰地阅读资料的内容，提高使用效率。

会计数据中的文字书写基本要求是：简明扼要、字体规范、字迹清晰、排列整齐、书写流利且字迹美观。那么，文字书写的具体规范有哪些呢？

● 文字不能超过各书写栏，文字大小应一致，文字之间适当留出间距。

● 书写文字时不能用草书，可用行楷或行书。

● 会计科目的书写必须用全称，文字不能简化或者缩写。

● 在写大写金额时，金额数字中间有两个或两个以上"0"时，大写金额只写一个"零"字，如金额200.15元，大写金额应为"人民币贰佰元零壹角伍分"。

● 数字金额的大写不能乱用简化字，更不能有错别字，如"角"不能用"毛"代替。

● 表示拾几或者拾几万时，必须要在大写金额前加"壹"字，因为这两种情况下的"拾"字仅代表位数，不是数字，如金额18.00元，应写成"人民币壹拾捌元整"。

虽然在众多企业都已经实施会计电算化的环境下，财务人员开展会计工作很少会手工做账，但还是应该了解文字数据的书写规范，以备不时之需。

（2）财务数据的数字书写规范

与财务数据的文字书写规范相似，财务数据的数字书写的基本要求是：正确、清晰、整体、流畅、规范和美观。这里的数字主要指阿拉伯数字，具体的书写规范如下：

- 书写阿拉伯数字无须与文字一样端正，避免看起来生硬呆板，其上端向右倾斜60°左右为宜，且一组阿拉伯数字的各个数字的倾斜角度应保持一致，以达到"美观"这一要求。

- 除6、7、9这3个阿拉伯数字外，其他数字在一行中的高低应一致。其中，"6"的上端可以比其他数字约高出1/4，但下端要与其他数字齐平；"7"和"9"的上端可以比其他数字约低1/4，下端可比其他数字约伸出1/4。具体写法如图4-3所示。

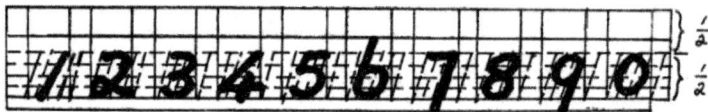

图4-3　6、7、9与其他阿拉伯数字在一行中的高低关系

- 在书写数字数据时，数字高度不超过账表格子高度的1/2。写得过大或者填满格子，不利于写错时进行更正；写得过小，字迹可能不清晰而影响阅读。如果账表格子过大，数字数据也可只占格子高度的1/3或1/4。

- 前述提及的阿拉伯数字，均不能写在格子的中间，除7和9外，其他数字一律紧靠账表格子底部书写。

- 在印有金额线的会计凭证、会计账簿和会计报表上，每个格子中只写一个数字，不得几个数字挤在一个格子里，也不得由一个数字占多个格子。如果没有账格金额线，则数字要同位对齐，即个位对个位、十位对十位和百位对百位等。

- 一组数据在书写时，从小数点向左每3位数用千位符"，"隔开或空一个位置，如354 216.58元或354,216.58元。

- 单个数字也要书写规范，以防止不规范书写导致错认。具体的书写规范见表4-2。

表 4-2　单个阿拉伯数字的书写规范

数字	书写规范
0	圆要闭合，且不宜过小，否则容易被改写为"9"；几个"0"连续时，不能写连笔，即 0 与 0 之间不能有连接线
1	书写时要斜且直，不能比其他数字短，否则容易被改写成"4""6""7"和"9"等数字
2	书写应圆润，否则容易被误认为"Z"；2 的下横线应横直且紧贴底线，否则容易被改写成"3"
3	书写时各拐弯处应光滑流畅，起笔与拐弯处的距离应稍微长一些，不宜过短，否则容易被改写成"5"
4	书写时"/"角要死折，即竖要倾斜一定的角度，横要平直且长，同时折角处一定要无缝连接，否则容易被改写成"6"
5	书写时"—"和"|"必须笔直，否则容易被改写成或误认为"8"
6	书写时起笔处在账表格子的上半部分的 1/4 处，下面的圆要明显，起笔处与圆之间要有明显的空白区域，否则容易被改写成"4"或"8"
7	书写时"—"要平直且稍长，"|"要稍微向右倾斜，拐弯处不能圆滑，应与 4 一样是死折，否则容易被改写成或误认为"1"或"9"
8	书写时笔画要流畅，上下两个圆都是闭合的，且笔记一定要均衡且明显，否则会被误认为"3"
9	书写时上面的小圆要闭合，且起笔处不能超过右侧略有弧度的竖线；右侧略有弧度的竖线应稍长，略微伸出账表格子的底部，否则容易被改写成或误认为"4"

　　会计工作中，书写数字离不开文字的描述，而书写文字也离不开数字的说明，只有文字和数字并用，同时兼顾两者的书写规范，才能正确反映经济业务和会计信息。

　　规范化书写财务数据，相当于从源头规范财务工作，防止后续工作中因错认数据或文字导致记账或登账错误而浪费时间更正的情况出现，为提高财务工作效率起到了一定的作用。

6. 牢记会计核算中的两个恒等式

会计核算中的两个恒等式分别是指"资产＝负债＋所有者权益"和"收入－费用＝利润"，即各个会计要素在总额上必须保持相等的一种关系式。

会计恒等式揭示了各会计要素之间的联系，是复式记账和编制会计报表的理论依据。因此牢记这两个恒等式有利于顺利完成会计核算工作，减少错账，提高财务工作效率。

（1）资产＝负债＋所有者权益

"资产＝负债＋所有者权益"这一会计核算恒等式表示在某一会计时间点上企业的资产总额与负债和所有者权益的总和一定相等，如果不相等，则说明企业的账目有问题。所以该恒等式可以用来查账。

有时"资产＝负债＋所有者权益"这一会计恒等式会变形为"资产＝权益"来运用。可能有些人不理解，为什么"负债"也是权益，对企业来说，自己的负债实际上是占用债权人或供应商的资金而形成的，因此可以将负债理解为债权人权益，与所有者权益统称为"权益"，也就有了"资产＝权益"这一变形等式。

在会计实务中，会计科目和账户的设置、复式记账、试算凭证、查账、对账、结账和财务报表的设计与编制都必须以"资产＝负债＋所有者权益"这一会计恒等式为指导。因此，牢记该恒等式，可帮助财务人员顺利开展前述会计工作，使工作之间的衔接更流畅，从而提高工作效率。

该恒等式主要涉及企业的资产负债表，相关的等式还有如下：

资产总额＝流动资产总额＋非流动资产总额

负债总额＝流动负债总额＋非流动资产总额

运用这些等式可以更好地检查企业的账目，尽可能地保证企业账目的正确性，提高会计信息的质量，为后续的会计管理工作提供方便。

（2）收入 – 费用 = 利润

"收入 – 费用 = 利润"这一会计核算恒等式表示在某一会计期间获取的收入减去发生的成本费用就等于当期收获的利润。这一恒等式属于引导性等式，其中存在因果逻辑关系，有了收入和费用，才会有利润。因此，实务中只能用来单纯地检查利润数据的计算是否正确，并不能确定收入和费用的账目记录是否有误。

其实，如果企业的收入或费用数据有误，就算多次运用该公式计算，也无法找出收入或费用的具体错账，反而会浪费时间。但这不能磨灭其检查出计算错误的作用。也就是说，只要查账的人不一根筋地想要利用该公式找出账目的错误，只打算以该公式检查计算过程是否有误，也能为工作效率的提高带来有利帮助。

牢记这两个会计核算中的恒等式，能够使财务人员在工作中能凭借潜意识顺理成章地运用这些恒等式，减少业务不熟练的情况发生。

7. 更正错账的方法必须熟练掌握

在会计实务中，更正错账的方法主要有三种：划线更正法、红字更正法和补充登记法。这三种方法虽然并不复杂，但也并不简单，使用时极易混淆。为了提高更正错账的效率和质量，财务人员必须牢记这些方法的特点、适用范围和具体操作等。

（1）划线更正法

划线更正法指更正错账时，在错误的文字或数字上划一条红线，同时在红线上方填写正确的文字或数字，并由记账人员和企业会计机构负责人（通常为会计主管人员）在更正处盖章，以明确责任的一种错账更正方法。

该方法在使用时要特别注意，如果更正的是错误的数据，不能只划销该数据中错误的数字，而应将该数据的全部数字进行划销，并保持原有数字清晰可辨，以便审查。下面就通过一个简单的例子，说明划线更正法的正确操作和错误操作。

案例实操 划线更正法的正确用法与错误用法

11 月底，某公司财务人员查账时发现，有一笔金额记录错误，2 135.00 元误记成 2 315.00 元。

错误做法： 只划销数字"3"和"1"，并分别在其上方改为"1"和"3"。

正确做法： 应将 2 315.00 这一数据全部用红线划销，并在其上方工整、清晰地书写正确数据 2 135.00。

划线更正法主要适用于两种情况的错账，具体如下所示。

● 期末结账前，发现账簿记录有文字或数字错误，但当期记账凭证没有错误，如图 4-4 所示。

其他应收款	垫付销售部赵勇医药费									王伍	2 0 0 0 0 0	王伍	4 8 5 5 6 0 0	√
											2 0 0 0 0		5 0 3 5 6 0 0	
管理费用	付10月水电费										2 5 9 5 0 0	王伍	4 5 9 6 1 0 0	
													5 3 1 6 1 0 0	
主营业务收入	收到营业款				5 6 0 0 0 0							王伍	5 1 5 6 1 0 0	
													5 3 3 6 1 0 0	

图 4-4 账簿记录有误而记账凭证无误的划线更正

● 期间内记账过程中，发现记账凭证中的文字或数字错误，在尚未过账前也可用划线更正法，如图 4-5 所示。

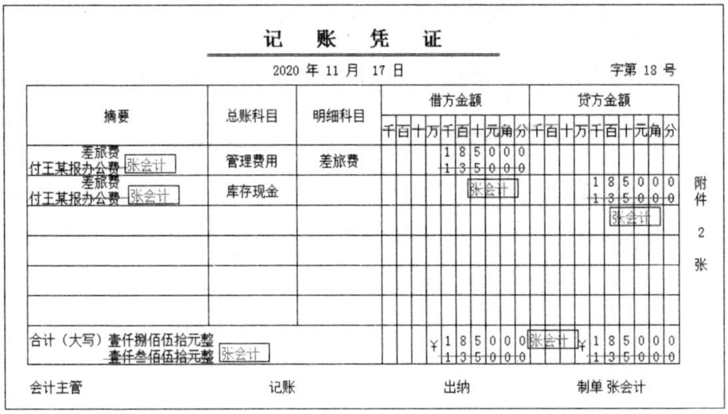

记 账 凭 证

2020 年 11 月 17 日　　字第 18 号

摘要	总账科目	明细科目	借方金额（千百十万千百十元角分）	贷方金额（千百十万千百十元角分）
差旅费 ~~付王某报办公费~~ 张会计	管理费用	差旅费	185000 ~~135000~~	
差旅费 ~~付王某报办公费~~ 张会计	库存现金		张会计	185000 ~~135000~~ 张会计
合计（大写）壹仟捌佰伍拾元整 ~~壹仟叁佰伍拾元整~~ 张会计			¥185000 ~~135000~~ 张会计	¥185000 ~~135000~~

附件 2 张

会计主管　　记账　　出纳　　制单 张会计

图 4-5　记账过程中发现记账凭证填写有误的划线更正

（2）红字更正法

红字更正法指先用红字填写一张与原错误记账凭证完全相同的记账凭证，并在摘要栏内注明“注销 × 年 × 月 × 日 × 号凭证”字样，并据以用红字登记入账（即登记账簿），以示注销原错误记账凭证，然后用蓝字填写一张正确的记账凭证，并在摘要栏内注明“更正 × 年 × 月 × 日 × 号凭证”字样，并据以用蓝字登记入账的一种错账更正方法。

该方法还有另外一种操作，即按原错误记账凭证中多记的金额用红字编制一张与原错误记账凭证应借、应贷会计科目完全相同的记账凭证，并在摘要栏内注明“冲销 × 年 × 月 × 日 × 号凭证多记金额 × 元”字样，以冲销多记的金额，并据以用红字登记入账。

上述两种操作分别适用于不同的错账情形，第一种操作适用的是财务人员在记账后发现记账凭证中应借、应贷会计科目有错误，或者记账凭证中应借、应贷会计科目对应的金额有误，又或者是这两种错账的结合。

第二种操作只适用于财务人员在记账后发现记账凭证和账簿记录中应借、应贷会计科目无误而所记金额大于应记金额的错账。

案例实操 红字更正法的不同用法

2020 年 11 月底，某公司财务部在结账前查账，发现一笔经济业务的记录有问题，原本应该是付水电费 2 515.00 元，结果记账凭证和账簿中都记成了付差旅费 2 575.00 元，即财务人员填制记账凭证时，会计科目和金额都填写错误，错误的会计分录如下，错误的记账凭证如图 4-6 所示。

借：管理费用——差旅费　　　　　　　　　　2 175.00

　　贷：银行存款　　　　　　　　　　　　　　　　2 175.00

图 4-6　文字错误和金额多记的错误记账凭证

此时的错账情形需要使用的更正方法就是红字更正法中的第一种操作。填写的红字记账凭证和蓝字记账凭证分别如图 4-7 和图 4-8 所示。

图 4-7　填制与原错误记账凭证完全相同的红字记账凭证

图 4-8　用蓝字填制的正确记账凭证

最后还要在相应会计账簿中的月末最后一条记录下方按照正常的登账操作将这两张记账凭证的记录登记到会计账簿中，即增添两条账目。红字凭证对应的金额用红字登账，蓝字凭证对应的金额正常登账，如图4-9所示的是银行存款日记账的更改情况。

图 4-9　银行存款日记账的更改

如果当初在记录这项经济业务时，记账凭证中的会计科目没有填错，而只是金额多记了，则只需按照多记的金额填制一张红字凭证用来冲销即可。也就是说，错误的记账凭证和更正的正确记账凭证分别如图4-10和图4-11所示。

最后还要在月末最后一笔记录下方根据填制的正确记账凭证添加一条账目记录，金额用红字登账。具体更正账簿记录的做法可参考第一种红字更正法。

记 账 凭 证

2020 年 11 月 5 日　　　　　记字第 14 号

摘要	总账科目	明细科目	记账√	借方金额 千百十万千百十元角分	记账√	贷方金额 千百十万千百十元角分	记账符号
付10月水电费	管理费用	水电费		2 5 7 5 0 0			
付10月水电费	银行存款					2 5 7 5 0 0	
合计				¥2 5 7 5 0 0		¥2 5 7 5 0 0	

会计主管：×× 　　　记账：×× 　　出纳 ×× 　　审核 ×× 　　制单 ××

图 4-10　多记了金额的错误记账凭证

记 账 凭 证

2020 年 11 月 30 日　　　　记字第 89 号

摘要	总账科目	明细科目	记账√	借方金额 千百十万千百十元角分	记账√	贷方金额 千百十万千百十元角分	记账符号
付10月水电费	管理费用	水电费		6 0 0 0			
付10月水电费	银行存款					6 0 0 0	
注：冲销2020年11月5日14号凭证多记金额60.00元							
合计				¥6 0 0 0		¥6 0 0 0	

会计主管：×× 　　　记账：×× 　　出纳 ×× 　　审核 ×× 　　制单 ××

图 4-11　更正后的正确记账凭证

（3）补充登记法

补充登记法指按照少记的金额用蓝字填制一张与原错误记账凭证应借、应贷会计科目完全相同的记账凭证，并在摘要栏内注明"补记 × 年 × 月 × 日 × 号凭证少记金额 × 元"字样，以补充少记的金额并据以用蓝字登记入账的一种错账更正方法。

该方法适用于财务人员记账后发现记账凭证和账簿记录中应借、应贷会计科目无误只是所记金额小于应记金额的情况。

案例实操 补充登记法更正错账的具体操作

2020 年 11 月末，某公司财务人员检查当月的账目，发现有一笔经济业务少记了金额，但会计科目的使用和会计分录的借贷方均没有问题。图 4-12 所示的是错误的记账凭证。

也就是说，错误的会计分录如下所示。

借：银行存款——×× 银行   92 000.00

 贷：应收账款——×× 公司   92 000.00

图 4-12 少记金额的错误记账凭证

经过查账得知，该笔经济业务涉及的金额实际上是 92 660.00 元。财务人员在记账后结账前可直接用蓝字填制一张补记金额的记账凭证，然后在相应的会计账簿中添加一条补记金额的记录，即将补充填制的记账凭证的信息登记到会计账簿中。图 4-13 所示为补充填制的记账凭证。

图 4-13 补记金额的记账凭证

只有熟练掌握这些错账更正法，才能更好地运用，否则一旦混淆，不仅改不了错账，而且可能产生新的错账。这样不仅不能提高工作效率，反而会降低工作质量，造成返工，进而降低工作效率。

8. 注意为财务数据加锁，防止泄密

对一家企业来说，其经营活动产生的财务数据通常都涉及企业的商业秘密，如果财务数据的保存工作没有做好，则不仅会给企业带来巨大的经济损失，还会有可怕的安全后果。

拖慢工作进度。财务数据如果丢失，对企业内部来说，需要财务人员重新恢复这些数据，以保证企业的财务数据完整，同时保证企业领导和管理者在需要使用这些数据时有章可循、有据可依。而重新恢复财务数据并不是一件简单的事，需要耗费一定的物力和人力，这样就会在得到同样的财务结果时耗费双倍的时间，明显降低工作效率。

使竞争对手得到有利情报，阻碍企业发展。如果企业的财务数据泄露出去，则竞争对手就很可能获取关于企业发展现状的相关情报，从而做出应对策略，阻碍企业发展。比如，根据企业的经营数据，分析企业的利润空间，从而与其自身的盈利情况进行对比，在保证盈利能力的情况下降低其售价，这样在销售市场中就会占据优势。

客户信息泄露，给企业带来重大经济损失。企业的财务数据中或多或少都会包含一些客户的信息，一旦财务数据泄露，则客户信息也有可能被泄露，此时如果竞争对手获取了这些客户信息，那么企业不仅是有失去客户的风险，还会失去客户的信赖，因为客户会认为企业没有保护好他们的信息，使客户不再愿意与企业合作。这样就会使企业的销售业务受到重创，获取的收益会大幅度下降。

增加财务人员的工作量。一旦企业的财务数据泄露，则为了减少损失，企业领导和管理者必然会组织相关人员立即采取补救措施，这样就会打断财务人员的正常工作，同时还会因为办理各种手续而增加非常多的工作量，给财务人员更重的工作负担。

如果企业不精准地找出财务数据泄露的原因，就会给日后的经营管理埋下隐患，或者说是埋下了一颗"定时炸弹"，其不利影响总会在未来的某个时间对企业造成重创。那么，企业该如何做好财务数据的安全管理呢？

● 使用专门的财务保镖系统。

如果企业有经济实力，可以安装专业的财务保镖系统，对企业的财务数据进行密码防护、病毒防护，同时还可以实现多重备份，切实解决企业财务数据安全问题。

● 加强企业电子邮件收发管控。

企业收发电子邮件会使用企业的网络，同时电子邮件的收发又涉及信息的内外传递，因此很有可能在处理这些事务时丢失财务数据，所以必须加强电子邮件收发管控。具体可行的措施有四个，见表4-3。

表4-3　加强电子邮件收发管控的措施

措　施	具体操作
关键字词控制	对企业内部可能发出的邮件，结合预设的关键字词，对标题和内容中含有预设关键字词进行过滤，然后把符合条件和要求的邮件发送出去。注意，为了尽可能地降低该措施对工作的限制，这里的关键字词一般是敏感的或者不好的字词，如银行账号、密码、客户和数据等

措　　施	具体操作
给传送的电子邮件加密	加密操作是对源信息泄露的控制，以确保邮件在存储和传送阶段均处于密文状态，只要未经授权，或者未获取密码，电子邮件均无法打开，或者打开以后只显示乱码
跟踪邮件的传送过程	即使邮件已经加密，但在传送过程中难免会遇到突发情况，比如网络被攻击。如果能跟踪邮件的传送过程，能及时发现这些突发状况，也能立即采取措施解决问题，防止财务数据泄露
加强邮件发送审批	该措施主要针对一些重要邮件，在对外发出前，先将邮件经管理层审批，通过后再发送。这样就相当于增加了一个复核环节，避免员工因粗心大意而不小心泄露公司的财务数据

● 加强企业的网络环境维护。

如今，会计电算化在企业财务管理工作中起到举足轻重的作用，而它的重要依托无疑是网络。所以，为了保证企业财务数据的安全性，企业必须加强自身的网络环境维护，为企业的经营管理提供安全、可靠的网络环境。

①为企业组建一支实力强劲的网络安全管理队伍，专门维护网络安全。这一做法一般在有经济实力和人力资源雄厚的企业中较常采用；如果企业规模本身不大，经济实力也不够强，可以配备一两个专业的网络管理员。

②定期向企业内部各岗位员工培训网络安全知识，强调各岗位工作中可能存在的网络安全隐患，同时给出具体的做法，统一企业人员的力量，切实做好企业网络环境的维护。

③限制员工的软件安装行为，通过对企业内部各电脑设置一定的参数来限制软件的下载安装，或者安装一些专门识别仿冒、伪劣软件的插件或软件来控制员工随意安装不明来源的软件，降低企业电脑遭受病毒攻击的可能性，从而保证财务数据的安全、完整。

● 财务人员的电脑要进行专门的设置。

为了防止财务人员因离座而使财务数据被有心之人窥探，应提倡财务人员离座就休眠电脑的做法。如果可以，还可设置财务人员的电脑屏幕或财务软件屏幕防截图、防扫描。

9. 学会编制试算平衡表，快速查找错账

试算平衡表指某一时点上的各种账户及其余额的列表，即各账户的余额都会反映在试算平衡表相应的借方或贷方栏中。

财务人员通过试算平衡表，可以定期加计分类账中各账户的借、贷方发生额及余额的合计数，用来检查借、贷方是否平衡，进而检查账目的记录是否有错误。具体可以检查如下所示的两个方面的账。

● 查总分类账户的当期借贷发生额是否平衡。

● 查总分类账户的借贷余额是否平衡。

在判断上述两个方面的账目是否平衡时，需要用到的计算公式主要有如下两个。

全部账户的借方发生额合计数 = 全部账户的贷方发生额合计数

全部账户的借方期末余额合计数 = 全部账户的贷方期末余额合计数

因此，学会编制试算平衡表能够提高查找错账的效率。试算平衡表主要是将本期发生额与期末余额合并在一张表格上进行试算平衡，其一般样式如图4-14所示。

试算平衡表

编制单位：　　　　　　　　　　　　　　　年　月　日　　　　　　　　　　　单位：元

科目代码	科目名称	期初余额		本期发生额		期末余额	
		借方	贷方	借方	贷方	借方	贷方
	合计						

会计主管：　　　　　　　　　　　　　　　　　　　　　　制表人：

图 4-14　试算平衡表

当然，有些公司的财务部门编制的试算平衡表有两张，主要是将本期发生额与期末余额分别变成试算平衡表格。

但要注意，通过试算平衡表检查账簿记录是否正确，并不是绝对的。如果试算平衡表显示借贷不平衡，则可以确定企业的账目记录或是计算有错误。但如果显示借贷平衡，也不能确定账目记录就一定没有错误，因为有些错误并不影响借贷双方的平衡关系，比如某些经济业务重记或漏记，或者将经济业务的借贷方向记反，都不能通过试算平衡发现错误。所以，试算平衡表只能作为检查错账的一个快速有效的手段，但不能完全依靠试算平衡表，这一点财务人员需特别注意。

第5章

坚决杜绝工作中不该做的事情

　　不仅是对财务人员，相信对大多数从业人员来说，明确责任都是提高工作效率的一个方法。牢记该做的事，更要清楚哪些事情不该做、不能做，约束好自己的行为，尤其对财务人员更是如此。

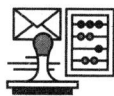

1. 暂时告别手机，防止会计核算被打断而出错

随着网络与科技越来越发达，人们对手机的依赖性越来越强，无论是每天上班坐地铁，或是坐公交，甚至去医院看病排队叫号时，都随处可见埋头玩手机的人。

其实，手机是一种提高沟通效率、拓展人际关系的重要工具，但不合时宜的使用就会带来不利影响，比如在工作中玩手机，显然会降低工作效率。同理，在财务工作中，财务人员应暂时告别手机，以防手里正在处理的工作被打断而出错，毕竟财务工作涉及大量的数据计算与分析。

从逻辑性角度看，财务工作的逻辑性比单纯的行政、生产等工作的逻辑性要强，前一个环节甚至多个环节中数据出错，就很可能导致后面各个环节中的数据计算错误，最终导致会计信息不真实、不正确，影响企业管理者和决策层做出正确的判断和决策。因此，财务工作在开展过程中，财务人员必须全神贯注，时不时地玩手机显然是不可取的。

那么，对财务人员来说，工作中有哪些实用的方法可帮助自己暂时告别手机并认真工作呢？具体可参考下面列举的一些方法。

● 将手机设为静音来屏蔽外界干扰。

将手机设为静音，一旦收到消息或者有电话打进来，没有声音提示，可有效避免在工作途中接打电话、查看信息，从而避免正在处理的工作被打断，尤其是会计核算工作。会计核算工作一旦被打断，财务人员则需重新理清思路将工作进行下去。在不被手机信息和电话打扰的状态下，财务

人员就可一鼓作气地完成会计核算工作，工作效率会明显提高。

● 将手机放在眼睛看不到或手摸不着的地方。

一些对手机依赖性极强的人，即便手机设为静音，只要眼睛能看到手机，或者手能摸到手机，都会分散其注意力，然后情不自禁地玩手机。这时，要配合手机静音，将手机放在眼睛看不见或手摸不着的地方，在玩手机欲望与"看不见、摸不着"之间形成短暂的行为中断，从而促使正在工作的人放弃玩手机的想法，继续工作。

● 企业辅以严厉的惩罚措施。

作为企业，可对除销售人员和管理人员等需要通过手机来处理业务之外的员工施以严厉的惩罚措施，强制约束员工玩手机行为，确保工作顺利、顺畅地开展。

比如，一个月内发现员工玩手机一次，扣工资 50.00 元；发现两次，扣工资 100.00 元；以此类推，发现 5 次以上予以开除警告。

具体的惩罚力度和标准，由企业自身根据实际情况来确定。

● 适当提高工作绩效奖励。

适当提高工作绩效奖励可激励员工积极完成工作，甚至超额完成工作。原先能按时完成工作的员工，很可能更注重时间管理，争取超额完成工作以获取绩效奖励。原先工作速度较慢的员工，很可能放弃以前的一些不良工作习惯，争取按时完成工作任务，得到相应的绩效奖励。以前工作散漫的员工，也可能奔着可观的工作绩效奖励而放下手中的手机，专心、认真地处理手里的工作。

尤其是财务工作，一般来说没有绩效工资的说法，如果适当给予绩效奖励，则激励效果可能会非常显著，从而提升财务人员的工作效率。

2. 敢于对财务舞弊行为说"不"

从广义角度讲，财务舞弊行为指一切违背财税法律法规规定的行为。具体到财务工作中，它包括三大类行为。

①对会计记录或会计凭证进行人为操纵。

②对财务报告的交易、事项或其他重要信息的错误提供，或者故意忽略某些交易、事项或重要信息。

③故意误用与数量、分类、提供方式或披露方式等有关的会计原则。

财务舞弊行为不仅会给企业带来重大经济损失，还会使企业陷入一定的风险，如税务风险、财务风险和经营风险等。对于财务人员，要敢于对财务舞弊行为说"不"。

那么，财务人员在工作中，对财务舞弊行为说"不"的具体表现有哪些呢？表5-1列举一些常见的拒绝财务舞弊的情况。

表5-1 拒绝财务舞弊的情况

条目	行 为
1	保持自身刚正不阿的做事风格，将财务舞弊行为控制在"0"，以身作则，在自己主动拒绝财务舞弊的同时，也让其他人没有理由让自己进行财务舞弊
2	拒绝开具无实际经济业务的发票或假收据
3	拒绝开具阴阳发票（即各联次金额不一致的大头小尾发票）
4	拒绝人为修改财务报表数据
5	拒绝与供应商或客户勾结篡改交易信息
6	拒绝利用人情关系行财务之便
7	拒绝为贪污舞弊行为打掩护

条目	行　　为
8	拒绝为财务舞弊行为提供帮助
9	拒绝与出纳或会计合谋做损害公司利益的事情
10	拒绝阻碍审计人员审计，拒绝逃避审计，拒绝不向审计人员提供纸质会计总账、明细账和银行存款明细账的行为
11	拒绝以作废发票、过期发票或假发票进行报销
12	拒绝将预算内资金擅自转移到其他地方而致使资金失去监督和控制
13	对虚报冒领的行为不予接受
14	拒绝任意调账来偷逃税款
15	拒绝随意以更换计价方法或折旧、摊销方法来隐匿收入

财务工作中，会有很多违法、违规行为的可能，财务人员需要时刻保持警惕，自己要经得住金钱和权力的诱惑，同时要学会在工作中总结经验和教训，不断加深对各种财务舞弊行为的认知。

从业者要切实做好自我约束，尤其是财务工作者，要大胆拒绝一切财务舞弊、损害企业利益的行为，否则一旦踏出了第一步，就很可能越陷越深，想要抽身也没有办法挽回了。

为了提高工作效率，财务人员要掌握一定的财务舞弊行为的鉴别和防范手法。

● 保持一身正气，敢于打假查假，熟悉舞弊手段和"技术"，抓住关键线索顺藤摸瓜。

● 精通财务业务，熟悉财税法规，提高分析、判断、研究和解决问题的能力。

● 要时刻用怀疑的眼光审视容易出现的风险点、风险区、盲点和盲区的工作。

● 尽可能采用账实核对的方法来查账。

● 加强法制建设，在法规制定过程中必须充分考虑与会计信息有一定利益关系的各方对会计信息的影响，并制定相应的措施对其行为加以限制。

● 加强财务人员素质培养，提高会计信息的诚信度，从源头上扼杀财务舞弊。

3. 财务工作不能"差不多"，否则会"差很多"

有些人可能会发现在职场中经常听到或者说到"差不多"这个词，并且没有觉得不妥，而且也没有给工作或自身带来什么不利影响。但是，在财务工作中就不一样了，由于涉及众多数据信息，一旦存有"差不多"心理，就很可能导致最终的结果"差很多"。

一个比较典型的例子是，计算出企业当期利润总额为 0.00 元，则企业不需要缴纳企业所得税，只需要进行企业所得税纳税申报即可；但实际上这是因为财务人员在工作中因为"差不多"心理而错记了账目，正确核算结果应该是企业当期获取利润总额为 1.25 万元，此时就需要缴纳企业所得税，并在缴税之前要进行纳税申报。这样就使得企业本来应该缴纳企业所得税而没有缴纳，一旦被税务机关认定为逃税，就会受到严厉处罚，使企业蒙受不必要的经济损失，但老老实实、一丝不苟地做账，就不会出现这样的问题。

下面再来看看其他一些具体的例子，了解财务工作"差不多"导致结果"差很多"的情况。

案例实操 财务工作中的"差不多"与"差很多"

11月，某公司财务人员李倩对外开出一张销售发票，由于印刷问题，导致发票票面上的信息不是特别清晰，但李倩认为差不多能看得清，于是就没有重新打印。已知票面上的数据为销售额 57 000.00 元，对应税额为 7 410.00 元。而对方公司的财务人员也没有仔细计算金额之间是否存在正确的因果关系，就直接以销售额 51 000.00 元和税额 1 410.00 元入账，结果总额由 64 410.00 元（57 000.00+7 410.00）变成了 52 410.00 元（51 000.00+1 410.00），足足少了 12 000.00 元。

还有一些财务人员，在检查公司当期账目时，只要发现资产负债表的资产总额同负债与所有者权益总额相等，就觉得"差不多"了，报表"应该"没有问题，即使是在发现了报表中某项数据不合理，也不管不顾。

最终，将财务报表传送到领导手中，被领导发现了报表中的问题，于是又让财务部重新检查账目。如果财务人员在最初发现问题数据时就及时追查有关账目，则可以一次性将正确的会计信息传递给领导，不用多次往返传递，浪费时间。

由此可见，财务工作中的"差不多"会给企业内部管理带来诸多不利影响，所以财务工作应精细、精确且精准。

4. 未发生的业务不能开票，更不需做任何账务处理

未发生的业务如果开具了发票，则属于虚开发票范畴，是违法行为。从账务处理方面看，没有发生的业务不需要做任何账务处理，但计提和预

收账款操作除外。

我国企业会计以权责发生制为基础，具体表现为：凡在本期发生，应从本期收入中获得补偿的费用，不论是否在本期已实际支付或未付款项，均应作为本期的费用处理；凡在本期发生应归属于本期的收入，不论是否在本期已实际收到或未收到款项，均应作为本期的收入处理。

除计提和预收款项之外，未发生的业务既不涉及从本期收入中扣除费用，也不涉及确认本期收入，因此不需要做账，更不能开票。

根据我国《发票管理办法实施细则》的有关规定，填开发票的单位和个人必须在发生经营业务、确认经营收入时开具发票，未发生经营业务一律不准开具发票。前述多次提及的计提和预收款项，在需要进行计提操作时，不需要开票，只需要做相应的账务处理；预收款项不需要开具发票，只需开具有效的收据并做相应账务处理。

只有牢记未发生的业务不能开票，才能避免财务舞弊，保证财务信息的真实、准确。

5. 会计账簿不能随意销毁，必须按照规定处理

会计账簿是由具有一定格式、相互联系的账页组成，用来序时、分类地全面记录一个企业、单位经济业务事项的会计簿籍。

由于会计账簿记载并储存了企业的大量会计信息，所以即使账簿的保存期限已届满，也不能随意将其销毁，而应该按照规定的流程销毁。

需要注意的是，不同的会计资料的最低保管期限是不同的，会计账簿

也如此。各类会计账簿的最低保管期限见表 5-2。

表 5-2　各类会计账簿的最低保管期限

账簿类型	最低保管期限
总账（即总分类账）	30 年
明细账（即明细分类账）	30 年
日记账（包括现金日记账和银行存款日记账）	30 年
固定资产卡片	固定资产报废清理后保管 5 年
其他辅助性账簿	30 年

会计账簿保管期限届满后，可按照图 5-1 所示的程序进行销毁。

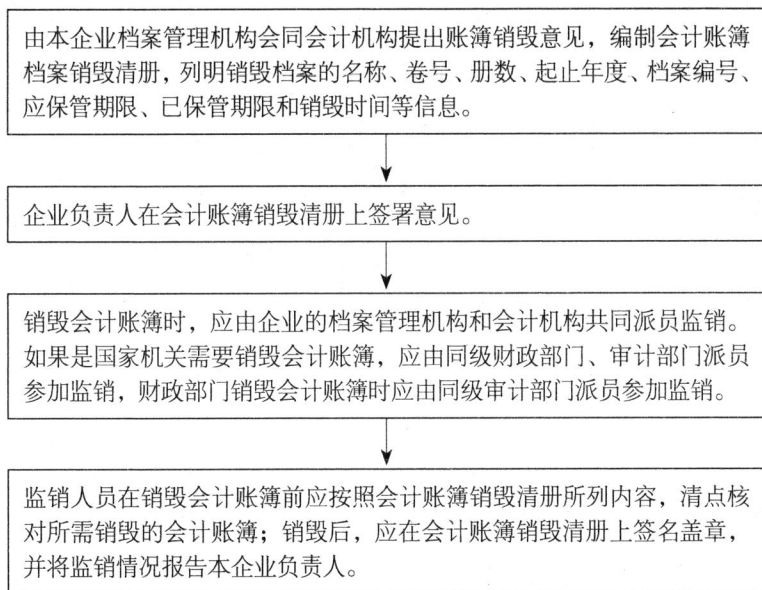

由本企业档案管理机构会同会计机构提出账簿销毁意见，编制会计账簿档案销毁清册，列明销毁档案的名称、卷号、册数、起止年度、档案编号、应保管期限、已保管期限和销毁时间等信息。

↓

企业负责人在会计账簿销毁清册上签署意见。

↓

销毁会计账簿时，应由企业的档案管理机构和会计机构共同派员监销。如果是国家机关需要销毁会计账簿，应由同级财政部门、审计部门派员参加监销，财政部门销毁会计账簿时应由同级审计部门派员参加监销。

↓

监销人员在销毁会计账簿前应按照会计账簿销毁清册所列内容，清点核对所需销毁的会计账簿；销毁后，应在会计账簿销毁清册上签名盖章，并将监销情况报告本企业负责人。

图 5-1　会计账簿的销毁程序

在上述会计账簿的销毁过程中，又会产生相应的会计资料，如会计账簿移交清册、会计账簿保管清册、会计账簿销毁清册和对应的鉴定意见书。这些会计账簿的最低保管期限分别对应会计档案移交清册的 30 年、会计档案保管清册的永久、会计档案销毁清册的永久和会计档案鉴定意见书的永久。永久保管的会计资料，不能销毁。

拓展贴士 *其他会计资料的最低保管期限*

①会计凭证：原始凭证 30 年；记账凭证 30 年。

②财务会计报告：月度、季度和半年度财务会计报告 10 年；年度财务会计报告永久保存。

③其他会计资料：银行存款余额调节表 10 年；银行对账单 10 年；纳税申报表 30 年。

只有牢记这些会计资料的最低保管期限和相应的销毁流程，才能保证会计资料的销毁工作不出错，尽可能地为企业保留完整的会计资料和会计信息。

案例实操 随意销毁会计账簿带来的严重后果

元某在一家公司任职财务经理，在职期间从公司财务部开出借条、借款单和收据等众多单据，涉及金额高达 100.00 万元。元某向公司提出离职申请后，公司为了保障双方的利益，就严格遵守规定开始办理离职手续。

不幸的是，在元某离职并离开公司后被查出其在职期间所开出的单据上只有其本人的签章，并没有公司法人的签章，而且其中一张借款单的借款事由居然是"学费"，还有一些借款单的事由是"中秋礼品""人寿保险"等。这些单据涉及的款项在元某离开公司时都没有向公司财务进行报销，冲抵借款费用，也没有将借款归还给公司。

而且，在元某离开公司时，该公司的会计凭证和会计账簿一直存放在公司以外的另一个地方；而元某作为该公司的主要财务负责人，对公司的会计凭证和会计账簿有直接管理权。后有证人指证元某在 × 年 × 月 × 日将疑似装有该公司会计凭证和会计账簿的箱子搬出公司存放于隐藏点。于是，有关机构以元某涉嫌隐匿、故意销毁会计凭证和会计账簿以及利用职务之便挪用资金为由，对元某进行立案侦查。

最后，经多方调查取证，元某隐匿会计凭证和会计账簿的时间清楚、地点清楚、具体方式清楚，且有客观证据佐证，无任何疑点。遂根据法律规定，元某受到了处五年以下有期徒刑，并处 10 万元罚金的处罚。

该公司因此遭受了巨大的经济损失，因为元某当下无法偿还前述钱款，而且很多账目需要重新安排人员清查、调整，耗时、耗神也耗力，同时还面临财务经理职位空缺的成本消耗。整个财务部的工作因为此事件发生而被拖慢了脚步。

6. 私设账外小金库的做法千万要杜绝

"小金库"指违反法律、法规和其他有关规定，应列入而未列入符合规定的单位账簿的各项资金（含有价证券）及其形成的资产。

"小金库"的"小"主要是指其隐蔽性，实际上其容量不可小觑。它的显著特征是"化大公为小公、化小公为私分"，通俗点讲就是公款被包装成"私房钱"，使企业内部不断地滋生腐败。最常见的表现是，某些单位请客送礼、乱发欠款、收受红包和公款行贿等，这些腐败行为大多依靠私设的账外小金库。

由此可见，"小金库"的存在会直接损害企业的经济利益，不利于企业长远发展，所以领导和管理者必须时刻重视对"小金库"进行严查。

为了更好地杜绝私设账外小金库的行为发生，财务人员、公司领导和管理层等相关人员都要了解"小金库"中资金可能的来源和一般去处，同时还需掌握"小金库"的形成原因、查核方法和相应解决措施。

（1）"小金库"资金的来源

"小金库"中的资金大多都来源于企业的日常经济活动，也有少部分来源于特殊的收入，具体见表5-3。

表5-3　"小金库"资金的来源

来　源	具体内容
各项生产经营收入	如没有按规定入账的销售收入、出租收入、边角料收入、报废固定资产变价收入和销售不动产收入等
各项服务和劳务收入	如没有按规定入账的维修加工收入、运输收入、代理业务收入、服务业收入、广告收入、出版发行收入、技术转让收入、技术服务收入和技术培训收入等
各项价外费用的收入	如没有按规定入账的价外收取的基金、返还的利润、各种补贴、违约金、手续费、包装费、运输装卸费和代收款项等价外收费
其他特殊收入	各种没有按规定入账的赞助收入、捐赠收入、股票和债券等的投资收益、各种形式的回扣和佣金、罚没收入和协会会费收入等

（2）"小金库"资金的去处

"小金库"资金的去处就是资金的用处，实务中主要表现在五个方面。

以各种由头滥发钱物。比如以关心员工生活，或者为员工提高福利待遇等为借口，以补贴、奖金或实物福利等方式向员工滥发乱奖。这种滥发钱物一般人人都有，且差别不大，多用在节假日、年终或举办的某些活动上。

以各种理由吃喝玩乐。企业内部一些享乐的人，经常约着一起大吃大喝，以出差为名到处旅游玩耍，或者经常出入娱乐场所，这些开支不便公开在企业的账务上，不能报销，很多时候就会从"小金库"中支出。

送礼。 有些企业及其内部在职人员为了与其他各方拉近关系，或者得到上级领导的提拔重用等，会有一些到处送礼的现象。而这些是违规操作，是被约束的，因此通常会从"小金库"中支出。

私分。 一些心术不正的人合谋设立账外"小金库"，并合力从"小金库"中领取款项，大家一起分一笔不正当钱财。

私吞。 某些单位的会计机构负责人，或者是"小金库"的掌管人员，在缺乏财务监督机制的企业环境中用假发票或白条抵库等手段私吞"小金库"中的资金。

（3）"小金库"的形成原因

"小金库"的形成与社会经济环境和秩序混乱有关，常见的四种原因如下所示。

- **监管制度实施不到位：** 企业内部对"小金库"的监督检查力度不够，为私设"小金库"提供了便利。
- **"花钱办事方便"的诱惑：** 这一诱惑使得很多企业职工常以请客送礼、组建饭局等联络业务和关系，但这样的开支无法在企业的账目上合法、合理列支，因此需要私设"小金库"来支撑这部分开支。
- **财务管理体制存在一些弊端：** 财务管理体制存在一些漏洞，使得经费监督检查方面的工作成了监管死角，给"小金库"的形成创造了适宜的环境。
- **现行财经法规和相关政策不够完善：** 财经法规和相关政策不够完善使得一些不法分子钻了漏洞，为解决一些合理不合法或合法不合理的开支而私设"小金库"。

（4）"小金库"的查核方法

由于"小金库"具有隐蔽性，为了提高监督管理效率，必要的查核方法是需要掌握的，具体见表5-4。

表5-4 "小金库"的查核方法

方　向	方　法
查货币资金	定期或不定期地清查盘点企业的库存现金，看实有数与现金日记账和总账余额是否相符。一旦发现有长款或短款情况，应立即追查原因，核实看是否有"小金库"资金确认计入货币资金，或者将货币资金挪到"小金库"中的情况；如果发现活期储蓄存折或定期存单，也要立即追查资金来源和去向，查其是否属于"小金库"资金。同理，对银行存款进行审查，看企业银行存款账户的银行存款账面余额与企业内部银行存款日记账的金额是否相符，未达账项是否是正常原因引起的，如果不是，要追查资金的流向和原因，核实查看是否进入了"小金库"中等
查实物资产	对包括副产品、残次品和边角废料等在内的实物资产进行定期或不定期清查盘点，核对各资产的总账、明细账、仓库保管账和备查账，看是否账实、账账等是否相符，从而尽快查找出企业是否有截留出售物资收入到"小金库"中的情况
查会计凭证	主要查看原始凭证，看是否有采取虚报冒领、截留应上交或下拨款，或者将单位的资金以某种名义支付给其他单位或个人，然后从对方收回或存于对方、截留收入为"小金库"攒钱等情况。查核时特别要注意奇怪的数字、时间、地点、物品、编号和保障手续等
查收款票据	查各票据的存根联和记账联上的数量和金额等是否一致，未使用的发票和收据等是否有缺号，从而核实有无资金放入"小金库"
查收费情况	查企业的收费项目、标准和范围等与其实际收费情况进行核查，看是否有已批准的收费项目没有收费或降低标准、缩小范围收费，或者以各种不当理由提高标准、扩大范围收费等情况，同时还要看收费收入是否按规定入账，从而判断是否有收费收入划入"小金库"中

续表

方　　向	方　　法
查往来账户	有些企业常用往来账户为"小金库"打掩护，或者是将钱款划入"小金库"中，一般手法是将企业的正常收入先计入往来账户中，虚列还在结算中的债务，等时机成熟就将该部分收入划入"小金库"。还有的是将已经收回或可以收回的债权列作呆账予以核销，然后通过特别的方法将这部分债权资金划入"小金库"中。核查时主要是看往来业务发生涉及的结算单位名称是否与事实相符，往来款项支付的事由是否合理，手续是否正常，被列作呆账进行核销的理由是否充分等，一旦发现疑点，就要追查这些资金是否通过不正当手段被划入了"小金库"中
查出租投资情况	核查企业的资产出租与对外投资情况，看出租资产和对外投资实现的收入或收益是否都按规定入了账，并核实有无截留出租资产收入和对外投资收益到"小金库"中的情况
查特殊物品开支	特殊物品的特殊性和不经常发生性，会给"小金库"创收提供便利，一旦发现特殊物品开支没有在账务中体现，就需要核实判断是否从"小金库"中支取了钱款，从而确定是否私设了"小金库"
比较分析企业的收支	对一些容易套取资金的收入和支出项目要进行比较分析，看是否存在将收入不入账而划入"小金库"的情况
到与企业有业务联系的单位核实	很多"小金库"的出入账需要在与企业有业务联系的单位之间进行配合才能实现，因此可通过到与企业有业务联系的单位进行相关账目核查来清查"小金库"现象。这些有联系的单位包括被收费单位、下级单位、供应商、客户、被投资单位和餐饮娱乐服务单位等
从个别人员入手调查	主要找一些熟悉企业内部业务、作风正派且敢于说实话的人了解情况，看收入是否入账，支出是否报账，资金收支是否有疑点，然后顺藤摸瓜确定是否私设了"小金库"

除了表5-4中介绍的查核"小金库"的方法外，实务中有经济实力的企业还可发动群众监督举报的力量，尽可能多方面地防止"小金库"的形成。

从前述四大方面入手，可有效防止私设"小金库"的现象出现，同时还可为查出"小金库"做好技术准备,为杜绝私设"小金库"的工作提高效率。

案例实操 私设"小金库"严重损害企业利益

某市一家公司经营多年,经营业绩一直良好。2020年12月,该市"小金库"治理工作的领导小组在对公司2016~2020年度财务收支进行检查时,发现该公司有账外账和无账本直接收支的情况。通过虚列支出和收入不入账等手段套取收入,共截留应计入单位收入的金额高达80.25万元,形成一个巨大的"小金库"。在公司经营管理过程中,相关人员还从该"小金库"中取走了45.62万元的钱款,主要用于各类业务招待支出和送礼。

当下,这些从"小金库"支取的钱财已然无法追回,相关责任人也无法明确。对该公司来说,只能挽回"小金库"中剩余的34.63万元(80.25-45.62),需自行承担45.62万元的经济损失。这对公司来说无疑不是一项严重的经济利益受损事件。

如果该公司的财务管理体系健全,财务监督力度较强,员工防止财务舞弊的意识较强,就不会出现时隔多年的"小金库"损失,反而可以及时发现"小金库"的存在,并及时止损。

该案例中企业的"小金库"被外部机构和组织发现,因此还会受到相应的处罚。如果企业自身能够发现"小金库",不仅能帮自己止损,还能避免遭受相应机关的处罚。

拓展贴士 *账外账与小金库的关系*

"账外账"指违反《中华人民共和国会计法》和国家有关规定,在法定会计账簿之外设立的账册。"小金库"只是"账外账"的一种表现形式。

7. 财务工作不能讲"人情"，铁面无私很重要

人情就是人的情感、情谊和情面等主观的感情表现，在实际生活和工作中又多指人与人交往中的情感关系。人情有轻重之分，越重的人情会给人越强的"亏欠感"。

人情总是在无限的"亏欠"与"偿还"中加深和延续，同时使得人与人之间的交往显得很有负担、很累，因为大家时刻都在考虑欠了人情怎么还、什么时候还、还什么，这就导致很多弊端产生，尤其体现在一些工作当中。

财务工作要求科学、严谨，如果出于"还人情"的考量，就可能使财务工作者触及法律红线，为他人提供不正当的工作之便，因此"人情"这一因素对财务工作有着明显的不利影响。那么，如果财务人员在工作中"讲人情"，会出现怎样不良后果呢？下面来看看常见的一些不利影响。

● 一次讲人情，一而再再而三。

工作中，某些财务人员因为欠了某同事人情，为了还这份人情，财务人员可能会答应同事的一些不符合规定的要求。比如同事向公司借款，本应该在填写好借款单后要将借款单交由相关领导审核批准才可通知出纳人员放款，而同事却让财务人员看在情分上先通知出纳人员放款，再办理审核批准手续。

久而久之，有了先例，其他同事也效仿，财务人员也没法拒绝，否则就会被同事说搞特殊对待。财务人员无法反驳，就会一而再再而三地违反规定办公，时间长了，会给公司的管理工作带来不可避免的隐患。

● 容易形成利益小团体。

通过"人情"的亏欠与偿还，容易将有利益关联的人联系在一起，时间久了，大家为了"互帮互助"，就可能形成利益小团体。通俗点说，就

是你有什么事情可以找我帮忙，而我有什么事情也可以去找你帮忙。

这样的利益小团体对企业健康发展是不利的，因为这些小团体很可能出于保护其自身利益的目的而损害公司的利益。

● 逐渐破坏财务人员的做事原则。

财务人员一旦长时间处于被"人情"左右的工作环境中，就可能越来越麻木，越来越觉得破坏规定做事情没有什么大不了，如果再加上企业本身不加以遏制这种不良风气，就会给财务人员一种"违规操作不用承担责任"的错觉，那么财务人员就会更大胆地"卖人情"和"还人情"，从而放弃本职工作的自我修养和做事原则，同时还会使企业的管理工作发展到混乱甚至难以控制的地步。

● 使企业面临财务信息有误的风险。

财务人员由于"人情"关系而处理账务，很可能导致账目的确认时点出问题，进而影响企业当期的损益情况，使得最终的财务信息有误。这样一来，不仅不能向社会各方提供关于企业的经营状况信息，还会使企业管理者和决策者做出错误的判断和决策。

总之，财务工作中如果讲"人情"，会给企业、员工自身以及社会各方利益相关联方带来诸多不利影响，阻碍企业健康发展。因此，财务人员要学会在财务工作中铁面无私，将一切违规操作扼杀在萌芽期，不要踏出违规、违纪和违法的第一步，具体应该从工作中的细节出发。

拒绝"人情"从第一次开始。财务工作中讲"人情"这件事就不应该有开始，一旦开始了，就很可能无法停止，因此需要从一开始就树立自己的"铁面无私"形象，阻断自己欠人情和向别人卖人情的可能。

工作严谨，原则性强。工作中要严格按照法律、法规和制度等规定办事，不做任何"小动作"，不存任何侥幸心理，不向任何势力屈服、低头，一切秉公处理。做错事情时要勇于承担责任，不逃避、不推卸责任。

不贪小便宜，不过分追求权力。不贪小便宜可帮助自己规避金钱的诱惑，不过分追求权力可避免自己为了向上晋升而不择手段。因为金钱和晋升的诱惑很有可能使财务人员放弃自己的做事原则，在各方利益体之间游走，所以要想更好地预防这些不良问题，就需要财务人员具备不贪小便宜的职业素养和不过分追求权力的淡泊品格。

拒绝"人情"不代表死板工作。实务中，财务人员可能会遇到紧急情况或者突发情况，比如出差人员即将要外出办公，但借款手续还未办理完毕，领导还未签字审批，此时财务人员可适当提醒领导或者向领导申请先放款后补齐手续。这时并不是财务人员卖了"人情"，而是根据业务需要和事情的轻重缓急做出的灵活调整。工作中这样的情况屡见不鲜，如果一味地规避"人情"而死板操作，就很可能耽误工作进度，也是不利于企业发展的一种表现。

由此可见，"铁面无私"重在"无私"而不是"铁面"，只要以维护企业利益为标杆，就不容易出现违法、违规和违纪行为。

第6章

培养独特的财务工作思维

　　财务工作的主要内容是帮企事业单位管账，因为企事业单位与自然人个人性质不同，所以企事业单位的账与自然人个人的流水账更是不同，不能用自然人个人管账的思维来管理企事业单位的账，否则会因为眼界狭窄而阻碍企事业单位的发展，所以财务人员和管理者要培养独特的财务工作思维，促使企业更好地开展财务工作。

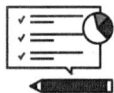

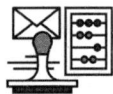

1. 会计工作要做精但无须追求完美

虽然会计工作不能有丝毫马虎，但财务人员也无须追求完美，否则会给自己带来较强的工作压力，不利于工作的顺利开展。会计工作应做到"精"，这个"精"关键是精华、精髓、精练和精明，而不是事无巨细。

（1）精华、精髓

精华、精髓指财务人员在开展会计工作时，要抓住工作中的精髓、精华和要点，将主要工作精力放在这些工作内容上，保证将这些工作做好、做完善。其余一些简单的、无关紧要的工作，需尽可能地提高工作速度，节省时间，不要因为追求"量"的完美而在这些工作上花费太多时间，从而导致工作要点被忽视或者工作开展不到位。

如果忽视了工作中的要点和精华部分，即使其他简单的和并不关键的工作做得再好，也无法得到领导的认可，这属于"本末倒置"的典型，以忽视要点、精华和精髓为代价，就为了做一些无关痛痒的事情。

案例实操 会计工作中忽视精髓而追求"量"的完美带来的后果

薛琴在某公司任职会计主管，平时的工作内容就是组织会计人员完成目标工作，同时监督检查各会计人员的做账、登账情况等。

薛琴做事总是会追求完美，每天都严格要求其下的会计人员必须将当天的工作完成，同时花费很多时间来检查各会计人员的工作是否真的当天全部完成，却忽略了检查各会计人员的账目是否做对、计算是否有错等。

月末时，薛琴发现当月的一些会计凭证、会计账簿和财务报表等都或多或少出现了错误，而已临近月末结账，薛琴只有让这些财务人员从头检查当月自己做的账目，将错账按照规定的方法进行更正。这样一来，又多花了时间在更正错账上，大大降低了财务工作的效率。

（2）精练

精练指做事干净利落，尤其是涉及众多数据信息的会计工作，更应该避免拖泥带水、慢慢吞吞的工作状态。会计工作做精练，就可以保证在有效的时间内更好地完成工作任务，避免做事拖沓而影响工作效率。

"精练"还有简明扼要、干脆直接的意思，在工作中主要表现为做事直击重点，避免过于繁杂和冗长的工作手法，尽可能地减少不必要的工作环节。尤其对于会计这样复杂且具有较强技术含量的工作，更应该按照清晰的工作思路完成任务，减少多余的旁枝末节，精练地开展会计工作。这样既可减少会计工作出错的可能性，也能提高工作效率。

（3）精明

精明指聪敏、仔细、明白和灵巧，会计工作做精明就是指灵活、聪慧地开展会计工作，不要死板应付。

由于会计工作与企业内部其他职能部门之间有着密切的联系，所以需要财务人员多方交流、沟通和协调，如果做事死板，或者不懂得灵活变通，则很可能导致工作处理不顺畅，沟通有障碍，工作之间衔接不到位，从而降低工作效率。

精明地工作，不仅可以节省时间，还能节省精力，有时还能节省物力，充分利用企业的各项资源，更能体现经营管理水平。

2. 自己给自己当助理，跟踪工作的完成情况

在工作岗位上的人，不要过于依赖同事的帮助，工作上的进步更多的是要凭借自身的工作能力来实现，自己做自己的靠山，才是最稳妥的工作原则。因为没有谁有义务一直陪着你、帮助你，同事也有自己的工作需要做。

因此，从业人员要把自己当作自己的助理，协助自己办事和处理工作。尤其是财务人员要有这种财务工作思维，要试着学会自己在工作中独当一面，其他工作者也是如此。

助理的工作通常是记录并安排工作内容、工作时间和工作地点，并在合适的时间提醒领导需要在什么时间、什么地点开展什么工作。而自己给自己当助理，就是要为自己的会议安排好时间和流程，并通过备忘录或手机闹铃的有效方法提醒自己。

在完成工作的过程中，自己还要时刻监控工作的完成情况，方便自己及时调整会计工作的处理方法和做账的速度。比较实用的就是为自己制订一份工作计划，每天的、每周的、每月的甚至每个季度的，根据时间长短或工作重要性来区分计划内容的详略程度，防止过于注重计划的制订而消耗多余的时间，不利于提高工作效率。

案例实操 给自己当助理，做好工作计划提高工作效率

鲜某在一家公司做会计工作，平时生活很自律，工作也很积极。为了让自己有持续不断的工作动力，她每月都会给自己制订工作计划，以此约束自己的不良工作习惯，提高工作效率。下面就是她为自己制订的月度工作计划。

月度工作计划

一、每日安排

①将当天的原始凭证录入财务系统中。

②根据当天获取的原始凭证填制记账凭证。

③按规定为公司员工办理各种报销、借款等手续。

④检查前一日的账务是否处理完毕，若没有，要先处理前一日遗留的账务和问题。

⑤按规定对外开出发票，并确保发票的开具是合理、合法、正确且及时。

⑥审核各种单据和凭证。

二、月初安排（每月 1 ～ 10 日）

①根据上月已经录入财务系统中的记账凭证，先编制出各财务报表，并上报给会计负责人，然后编制合并报表，最终将公司报表上报给总经理查阅，并将包括公司本部的财务报表在内的所有报表妥善保管。

②进行上月的工资核算与发放。

③与各银行之间进行银行存款对账工作。

④与所在地主管税务机关沟通联系，按时进行纳税申报并缴纳税款。

⑤对部分报销票据进行审核。

三、月中安排（每月 11 ～ 20 日）

①每月 11 ～ 15 日，在 15 日前进行原始票据整理，以便公司财务有足够的时间将各类原始凭证记录的信息录入财务系统中并填制记账凭证。

②将录入财务系统的记账凭证打印出来，并与相应的原始凭证粘贴在一起。

③时刻关注自己的各项工作进度，必要时建立备忘录或者编制任务清

单，以备跟踪反馈。

四、月末安排（每月 20 ～ 30 日）

①进行当月原始凭证的整理，以便检查当月的账务。

②月底计提当月公司内部所有员工的工资总额。

③月底计提公司旗下固定资产的折旧。

④月底进行成本费用和收入的结转，核算本年利润。

⑤整理会计凭证、会计账簿并编制会计报表，按照规定对这些会计资料进行装订和归档。

⑥配合公司内部其他职能部门和外部相关部门做好工作。

制订计划可以让自己更安心，工作方向有明确的指引，知道自己正在做什么、完成了多少以及接下来需要做什么等，更能让自己坚持下去，不断地将精力投入到工作中，让自己做事更专注，更能对自己充满信心并获得成就感。

需要注意的是，制订的计划必须符合自己的工作习惯和业务需求，这样才能使计划发挥最好的效用。而计划制订好后，每天、每周、每月和每个季度都要跟踪核实自己的计划完成度，使计划不流于形式，真正提高工作效率。

3.财务人员要会给自己布置工作，别等领导 "发话"

财务人员的日常工作其实比较明显，也比较固定，不像一线生产人员，今天可能需要生产产品 A，明天就有可能生产产品 B，而生产的产品不同，要求也会不同，所以每天的工作内容可能是不相同的。但一般的财务人员，每天的工作要么做单，要么审单，要么看报表，要么办理各种手续等。

正是由于这种固定性，所以财务部门一般不会每天都向员工说明每个人当天需要工作的内容是什么，很大程度上需要依靠每一位财务人员的自觉性。只有遇到一些临时的工作和任务，才会收到上级领导的指示或者安排。财务人员不仅要明确这一点，还应切实做到"给自己布置工作"。

那么，财务人员要如何做到为自己安排工作呢？具体可以参考以下一些思路和做法。

（1）不断地提醒和反问自己前面的工作完成了吗

在开展下一项工作之前，问自己上一项工作做完了吗？还有没有遗留的问题需要解决？这样避免一项工作因半途而废导致重新处理可能浪费衔接时间的情况发生。

在一天的工作时间即将结束时，问自己当天的工作任务是否已经完成？是否还有工作需要留待明天处理？如果有，要及时地将其做好记录，以便第二天一上班就能着手处理。

一周结束时，对本周做过的工作进行小结，看看哪些工作任务已经顺利完成，哪些工作没有及时完成，处理了哪些临时工作及处理情况如何，哪些工作是自己给自己布置的，是否还有没有想到的工作可以积极地自觉开展等。

一个月结束时，要总结当月的工作内容，评价自己的工作效率，如果效率低，就要积极想办法提高自己在下一个月的工作效率。

（2）反问自己是否为自己布置过额外工作

财务人员要学会总结当天的工作情况，分析自己当天是否有为自己布置额外工作？若有，完成情况如何？是否学到了新的东西？

一周结束后，要对自己的工作积极性进行客观评价，若不够积极，就要再接再厉，在按时完成日常工作外，多给自己布置一些对提升工作能力有帮助的工作，并积极主动地完成。

一个月结束后，针对额外工作给自己带来的有利影响和不利影响进行评估，从而调整额外工作量。

（3）从"要我做"到"我要做"

很显然，"要我做"中"我"是宾语，一般是别人要我做什么，体现的是工作的被动性；而"我要做"中"我"就是主语，体现的是工作的主动性。也就是说，财务人员以及其他在岗人员要从"要我做"的工作状态转换到"我要做"的工作状态，不要天天等着领导布置工作，也不要等着同事提醒你需要处理的工作，而应该主动地寻找工作，在工作中占据主动性，才能避免临时工作带来的不利影响。

（4）主动分担一些"分外"工作

财务工作不像销售工作，财务人员拿的通常是固定工资，不像销售人员可以拿提成，绩效越好，工作量越多，工资越高。因此，一些财务人员在工作中就形成了"只完成本职工作就好"的做事思维，毕竟多工作也没有多拿工资，何必"苦"了自己呢？因此，分外之事一概不理，只专注完成自己的本职工作。

但实际上，财务人员主动做一些分外工作，不仅能促进和维护好同事之间的工作关系，还可能学到其他专业知识，提高自我工作技能，提高工作效率，甚至还可能得到上级领导的关注和赞誉，加深自己在领导心中的印象，对自己以后的晋升也有帮助。毕竟领导总是喜欢积极主动、努力上进的员工。

（5）量力而行，毛遂自荐

财务人员在客观认识自己的工作能力的基础上，适当向上级领导毛遂自荐，申请多负责一些财务工作，并竭尽所能做好自己争取的工作，让领导知道自己可以胜任目前的工作内容和工作量。这样不仅能不断提升自我工作能力，还能让领导看到自己在工作中的积极主动性，为日后接受更大的挑战、负责更重要的工作奠定基础。

（6）不要急于表现、出风头甚至抢同事的工作

财务人员和其他在岗人员要特别注意，在积极主动工作的同时，切忌急着表现、出风头甚至抢同事工作的行为，否则很可能使自己完成不了工作任务，也会与同事产生嫌隙，给自己的职场生活增加障碍，不利于后期职业的发展。

积极主动地给自己布置工作要建立在对自己的工作能力有深刻的认识且确定能够胜任争取的工作的前提下，因为一旦错误评估了自己的工作能力，急于在领导面前表现自己，很可能适得其反，降低自己在领导心中的位置，严重时还可能影响自己原本的工作内容，百害而无一利。所以从业者必须拿捏好主动为自己布置工作的尺度。

（7）先安排自己的本职工作，再安排其他工作

财务人员要做好为自己安排工作这一事情，必须先为自己安排好本职工作，在确保能百分之百完成本职工作的情况下，再为自己安排其他的工作内容。这样既不耽误本职工作，也能多做事情，多积累经验。

（8）从质的角度为自己安排好工作

前述内容主要从量的角度介绍财务人员和其他从业者如何为自己安排工作，而工作目标不仅要有"量"的要求，还要有"质"的要求。财务人员需要掌握好各种工作内容所需耗费的时间限制，从而调整自己在每一项工作中使用的力度，尽量达到用最少的精力完成最多的工作的效果，以此来提高工作效率。

总之，财务人员和其他从业者在工作中都要做到自律、自觉和积极主动，这样工作开展起来才会激发自己的积极性，形成一个良好的工作状态循环，相应地也能在一定程度上提高工作效率。

4. 要牢记，信息泛滥和信息缺乏一样有害

泛滥属于贬义词，指不受限制的多，程度比"广泛"更强。对企业中的财务人员来说，信息泛滥并不是好事，它与信息缺乏一样，都会给企业带来不利影响。下面分别来看信息缺乏和信息泛滥对财务工作的影响。

（1）信息缺乏对财务工作的不利影响

相信财务工作从业者都知道，财务工作中会涉及方方面面的信息，且大多数信息都可转化为数据信息。如果信息缺乏，则财务工作必然会受到影响，具体体现在如下所示的六个方面。

①使得企业对自身的经营信息披露不完全。

②财务人员做账时遇到问题无法及时解决。

③凭证的填制、审核以及传递等工作不能顺利完成。

④企业内部各部门之间的沟通交流出现障碍。

⑤管理者和决策者无法做出正确的经营策略和决策。

⑥降低财务工作效率等。

（2）信息泛滥对财务工作的不利影响

信息泛滥并不能说明有用信息很多，也就不能保证企业能够规避像信息缺乏那样带来的不利影响。因为信息泛滥有可能包括有用信息重复的情况，此时也有可能缺失一些必要的信息，使得财务工作面临信息缺失带来的不良后果。

另一方面，信息泛滥也指各种信息混杂在一起，有用的和没用的信息都被获取，但其中只有有用的信息对企业经营管理有好处，此时没用的信息就会妨碍财务人员获取有效信息。那么，泛滥的信息具体会给企业带来怎样的不利影响呢？

● 财务人员筛选信息，降低工作效率。

在面对泛滥的信息时，财务人员需要耗费时间、精力和物力等进行筛选，选出有用的财务信息，然后进行做账、登账和编制报表等工作。这样一来，不仅信息处理成本上升，还会明显降低财务工作效率。

● 财务人员容易被误导而做错账。

信息泛滥时，财务人员可能被错误的或者没有用的信息误导，进而做错账。一旦账目出错，后续的登账、编制报表以及财务分析等工作就都有可能出错，再加上财税法律、法规不允许出错，就必然需要企业纠错，财务人员就会耗费时间纠正前期的错账，也会降低工作效率。

● 给财务人员巨大冲击和压力。

信息泛滥时，财务人员需要在短时间内接收并消化这些信息，以便从中吸取有用的信息，为工作助益。这样就会对财务人员的心理造成重大冲击，同时增加工作压力，进一步就会降低财务人员的工作质量和速度，进而降低工作效率。

由此可见，信息泛滥对财务人员来说也不是好事，不仅会被诱导做错账，还会因为筛选信息而降低工作效率，甚至还能联动其他部门的工作受到错误信息的影响。而且"泛滥"一词还有急速增长的意思，如果信息量急速增长，则处理信息的速度远低于信息产生速度，就会给财务人员甚至企业内部其他人员带来信息管理方面的压力，很可能使企业经营管理处于一种高度紧张又极其没有效率的状态中，降低经营管理水平，对企业的发展很不利。

因此，财务人员要牢记，信息泛滥对企业并不好。只有这样，财务人员和其他工作者才不会过度追求信息的"量"，以此来提高工作效率。

5. 节税可以，但偷逃税款是违法行为

在我国，开展生产经营活动并获取收入的单位和个人都负有纳税义务，具体可概括为如下所示的四项纳税义务。

①按税法规定办理税务登记。

②按税法规定的期限和手续办理纳税申报，并按期足额缴纳税款。

③依法向税务机关及时提交会计报表和其他资料。

④接受税务机关对纳税情况的检查，并如实反映和提供税务检查人员

所需了解的情况和资料等。

对企业来说，经营过程中缴纳的税款会直接降低利润额，阻碍企业的快速发展，所以很多企业会选择合法、正当的方法节税，以此减轻税收负担，从而增加企业的收入与收益。

注意，只有合法、正当的节税方法才是被允许的，如果节税方法违反了税法的规定，则会导致"节税"变成"偷税""逃税"和"漏税"。为了更深刻地认识这些概念，同时强调"偷税""逃税"和"漏税"的不可取性，下面就从它们的含义入手，逐一解释，内容见表6-1。

表6-1 "节税""偷税""逃税"和"漏税"的含义

术　语	含　义
节税	节税指纳税人在不违背税法立法精神的前提下，当存在多种纳税方案供选择时，纳税人通过充分利用税法中固有的免征额、减免额等一系列优惠政策，以税收负担最低为原则来处理财务、经营和交易事项
偷税	偷税指纳税人故意违反税收法规，采用欺骗、隐瞒等手段逃避纳税的违法行为。比如为了少缴纳或不缴纳应纳税款而有意少报、瞒报应税项目、销售收入和经营利润，或者有意虚增成本、乱摊费用和缩小应纳税所得额等
逃税	逃税指纳税人违反税法规定不缴或少缴税款的非法行为，主要表现有：①伪造、涂改、销毁账册、票据或记账凭证；②虚报、多报费用和成本；③少报或不报应纳税所得额或收入额；④隐匿财产或采用不正当方法骗回已缴纳税款等
漏税	漏税指纳税人因无意识而发生的漏缴或少缴税款的违章行为，比如因不了解、不熟悉税法规定和财务制度，或因工作粗心大意而错用税率，导致漏报应税项目，少计应税数量、销售金额和经营利润等

从表6-1看，节税是合理、合法的操作，而偷税、逃税有明显的主观性，是违法行为；漏税一般是在非主观意愿下发生的，所以算是违章行为。但不论是违法行为还是违章行为，在财税实务中都是不可取的。

拓展贴士 *什么是抗税*

抗税指纳税人和扣缴义务人以暴力、威胁等手段拒不缴纳税款的行为。与前述违法、违章行为相比，抗税不仅有主观性，还有明目张胆性。对于抗税行为，除由税务机关追缴其拒缴的税款和滞纳金外，还要依法追究纳税人或扣缴义务人的刑事责任。情节轻微、未构成犯罪的，除追缴税款和滞纳金，还会并处拒缴税款一倍以上五倍以下的罚款；情节严重的，处三年以上七年以下有期徒刑，并处拒缴税款一倍以上五倍以下罚金。

只有牢记"节税可以，但偷逃税款是违法行为"这一观点，才能在财务工作中找准节税方法，提高税务筹划效率。那么，财务工作中有哪些方法才算是节税方法呢？

（1）利用各税种的税收优惠政策节税

在我国，主要税种共18种，分别是增值税、消费税、关税、城市维护建设税、企业所得税、个人所得税、印花税、土地增值税、耕地占用税、城镇土地使用税、房产税、契税、车辆购置税、车船税、环保税、资源税、船舶吨税和烟叶税。

除了消费税、烟叶税外，其他税种基本上都有相应的税收优惠政策。企业在经营过程中可充分利用这些税种的税收优惠政策达到节税的目的。

比如增值税，可经营免税项目，或者作为小微企业享受免税等。又如企业所得税，也可经营免税或者减税的项目，民族自治地方的企业还可利用民族自治地方的减免税政策；还有契税，企业可通过等价交换房产达到不缴纳契税的目的；以及土地增值税，企业建造普通标准住宅出售，如果保证增值额不超过扣除项目金额的20%，就可享受免税等。

（2）利用纳税人身份节税

该节税办法主要针对增值税，因为增值税中一般纳税人和增值税小规模纳税人适用的税率是不同的。

增值税一般纳税人适用的增值税税率主要有四个档次：13%、9%、6%以及0。而增值税小规模纳税人适用的增值税税率主要为3%，而且通常也不将其称为税率，而是称为征收率。由此可见，一般纳税人的税率普遍高于小规模纳税人的征收率。

再加上一般纳税人采用一般计税方法，即当期增值税销项税额减去当期增值税进项税额和当期增值税留抵税额的差额，为增值税应纳税额。而小规模纳税人则采用简易计税办法，直接用销售额乘以征收率，计算得出增值税应纳税额。

所以，税率的高低以及计税方法的不同，给了纳税人选择适用的纳税人身份进行节税的契机。但要注意，并不是说选择认定为小规模纳税人就一定会少缴纳税款，因为销售额 × 征收率（3%）的积有可能大于增值税销项税额与增值税进项税额和增值税留抵税额的差额，反之亦然，即选择认定为小规模纳税人不一定会少缴纳税款。因此，实务中需多方面综合考量。

案例实操 选择纳税人身份达到节税目的

某公司2020年12月获得销售收入共计54.38万元（不含税），当月购进原材料发生采购成本共计26.54万元（不含税）。单纯从该月角度考虑，公司选择哪一种纳税人身份，可达到节税的目的呢？

①选择认定为一般纳税人，适用增值税税率13%，假设不存在留抵税额。

增值税进项税额 =265 400.00 × 13%=34 502.00（元）

增值税销项税额 =543 800.00 × 13%=70 694.00（元）

增值税应纳税额 =70 694.00-34 502.00=36 192.00（元）

②选择认定为小规模纳税人，适用增值税征收率3%。

增值税应纳税额 =543 800.00×3%=16 314.00（元）

由于 36 192.00 元＞16 314.00 元，所以这种情况下公司选择认定为小规模纳税人会少缴纳 19 878.00 元（36 192.00-16 314.00）增值税，达到节税的目的。

但如果公司当月购进原材料发生采购成本共计 42.68 万元，此时再来看看是否选择认定为小规模纳税人能少缴纳税款。

①选择认定为一般纳税人，适用增值税税率13%，假设不存在留抵税额。

增值税进项税额 =426 800.00×13%=55 484.00（元）

增值税应纳税额 =70 694.00-55 484.00=15 210.00（元）

②选择认定为小规模纳税人，适用增值税征收率3%。

增值税应纳税额 =16 314.00（元）

由于 15 210.00 元＜16 314.00 元，所以这种情况下公司选择认定为一般纳税人会少缴纳 1 104.00 元（16 314.00-15 210.00）增值税，达到节税的目的。

从案例计算分析结果可知印证了前述提及的内容，即纳税人身份的选择不能单纯考虑税率，还要考虑计税方法。最终应如何选择，可建立一个临界点模型，比如假设企业当期销售收入为 M 元，当期采购成本为 N 元，适用增值税税率和征收率分别为 13% 和 3%，则（$M-N$）×13%=3%M 时，选择认定为一般纳税人和小规模纳税人需要缴纳的增值税是相等的，此时可算出临界点，即 $M=1.3N$，当期销售收入为当期采购成本的 1.3 倍时，无法通过选择纳税人身份达到节税目的。

当 $M > 1.3N$ 时，选择认定为小规模纳税人可达到节税目的；反之，当 $M < 1.3N$ 时，选择认定为一般纳税人可达到节税目的。实务中，适用的增值税税率不同，临界点也会不同。

在利用纳税人身份节税时，还有一点必须注意，即纳税人身份一旦确定，就不能轻易改变，尤其是已经确认为一般纳税人的，通常无法再更改身份为小规模纳税人。而小规模纳税人在经营过程中如果达到了确认一般纳税人的条件，是可以转登记为一般纳税人的，只不过转登记后不能再转回为小规模纳税人。

（3）利用免征额优惠节税

免征额优惠节税主要针对企业所得税。符合条件的技术转让所得可免征或者减征企业所得税，即一个纳税年度内，居民企业技术转让所得不超过 500 万元的部分，免征企业所得税；超过 500 万元的部分，减半征收企业所得税。

所以，纳税人可将技术转让纳入经营范围，一旦有技术转让所得，就可按照上述免征额优惠的规定，享受免税或者减税。想要顺利使用这一节税方法，必须保证技术转让所得可准确计量，如果因为与其他所得混在一起而无法确定具体数额，则不能使用该优惠政策。

（4）利用各税种的特殊税收优惠规定节税

各税种的特殊税收优惠规定实际上包含在各自的税收优惠政策中，该方法本质上还是利用各税种的税收优惠政策节税。下面就来简单了解一些常见的特殊税收优惠规定，为快速运用这些规定提高税务筹划效率做准备。

● 增值税的特殊税收优惠规定。

对于纳税人来说，某些跨境行为可免征增值税，还有小微企业有免税规定等。因此，纳税人可利用这些特殊税收规定节税。

①销售符合免税规定的跨境服务和无形资产。

②控制企业的规模在小微企业范围内，且确保是小规模纳税人，当月销售额不超过 10 万元时，将享受免征增值税。或者以一个季度为纳税期限的小规模纳税人，季度销售额不超过 30 万元时，将享受免征增值税。而且，如果纳税人当期因代开增值税专用发票而已经缴纳的税款，还可在专用发票全部联次追回或按规定开具红字专用发票后向税务机关申请退还已经缴纳的增值税税款。

● 企业所得税的特殊税收优惠规定。

在计缴企业所得税时，有加计扣除项目、应纳税所得额抵扣、加速折旧、减计收入、应纳税额抵免以及西部地区减免税等特殊税收规定。大致内容见表 6-2。

表 6-2　企业所得税的特殊税收规定

规　定	内　容
加计扣除	企业为开发新技术、新产品和新工艺发生的研究开发费用，未形成无形资产并计入当期损益的，在按照规定据实扣除的基础上，按照研究开发费用的 50% 加计扣除；形成无形资产的，按照无形资产成本的 150% 摊销；如果在 2018 年 1 月 1 日 ~2020 年 12 月 31 日期间发生这样的研究开发费用，加计扣除比例升至 75%，同理，形成无形资产的，按照无形资产成本的 175% 摊销。但是，烟草制造业、住宿餐饮业、批发零售业、房地产业、租赁和商务服务业、娱乐业以及由财政部和国家税务总局规定的其他行业不适用该加计扣除规定 另外，企业安置残疾人员和国家鼓励安置的其他就业人员所支付的工资，在据实扣除的基础上，可按支付工资的 100% 加计扣除
应纳税所得额抵扣	创业投资企业采取股权投资方式投资未上市的中小高新技术企业两年以上的，可按照其投资额的 70% 在股权持有满两年的当年抵扣该创业投资企业的应纳税所得额；当年不足抵扣的，可在以后纳税年度结转抵扣

规　　定	内　　容
加速折旧	企业的固定资产由于技术进步等原因，确需加速折旧的，可缩短折旧年限或者采用加速折旧方法。这样一来，当期确认的折旧额就会增多，税前扣除数额就会增多，应纳税所得额就会减少，从而达到节税目的。注意，在采取缩短折旧年限方法节税时，最低折旧年限不得低于税法规定折旧年限的 60%
减计收入	企业以《资源综合利用企业所得税优惠目录》规定的资源作为主要原材料，生产国家非限制和禁止并符合国家和行业相关标准的产品取得的收入，减按 90% 计入收入总额
应纳税额抵免	企业购置并实际适用《环境保护专用设备企业所得税优惠目录》《节能节水专用设备企业所得税优惠目录》以及《安全生产设备企业所得税优惠目录》规定的环境保护、节能节水和安全生产等专用设备的，专用设备的投资额的 10% 可从企业当年的应纳税额中抵免；不足抵免的，可在以后 5 个纳税年度结转抵免
西部地区减免税	对设在西部地区以《西部地区鼓励类产业目录》中新增鼓励类产业项目为主营业务，且企业当年主营业务收入占收入总额 70% 以上的，从 2014 年 10 月 1 日起，可减按 15% 税率缴纳企业所得税

也就是说，企业在熟知以上特殊税收优惠规定的情况下，可以使用合法、合理的手段使自己的条件符合减免税规定，以此来达到节税目的。另外，如果企业本身是小型微利企业，或者是高新技术企业，又或者是技术先进型服务企业，则可按照 20% 税率计缴企业所得税，与 25% 的税率相比，也有节税的效果。

● 契税的特殊税收优惠规定。

如果纳税人承包荒山、荒沟、荒丘和荒滩土地使用权，用于农、林、牧、渔业生产的，免征契税。也就是说，如果有类似经营项目打算的企业，可尽量选择承受上述土地使用权，以此获取免征契税的资格，达到节税目的。

● 城镇土地使用税的特殊税收优惠规定。

如果纳税人的生产用地直接用于农、林、牧、渔业，则可享受免征城镇土地使用税的优惠；或是占用耕地用于非农业生产的，在缴纳耕地占用税的当年（即从批准征用之日起满一年）不缴纳城镇土地使用税，一年后再征收城镇土地使用税。

如果纳税人的经营情况符合这些规定，也可享受税收优惠，从而达到节税目的。

● 车船税的特殊税收优惠规定。

在我国，使用新能源车船的，免征车船税。换句话说，纳税人企业在为自己购置商务用车辆或船只时，尽可能选择新能源车辆或船只，这样就能享受到免征车船税的优惠，达到节税目的。

另外，按照规定缴纳船舶吨税的机动船舶，从《车船税法》实施之日起五年内免征车船税。符合条件的企业也能根据该规定节税。

● 印花税的特殊税收优惠规定。

印花税的特殊税收规定主要涉及免征印花税的情形和项目。

①应纳税额不足1角的，免征印花税。

②企业与主管部门等签订的租赁承包经营合同，不属于租赁合同，不征收印花税。

③书、报、刊发行单位之间，发行单位与订阅单位或个人之间书立的凭证，免征印花税。

④由外国运输企业运输进口货物的，外国运输企业持有的一份结算凭证免征印花税等。

只要企业符合这些条件，节税就有着落。

● 资源税的特殊税收优惠规定。

由于资源税的征收比较特殊，其纳税义务人是在中华人民共和国领域及管辖海域开采《资源税暂行条例》规定的矿产品或者生产盐的单位和个人，因此，资源税的特殊税收优惠规定也只针对这些纳税人。

①纳税人开采原油过程中用于加热、修井的原油，免税。

②我国油气田稠油、高凝油和高含硫天然气资源税减征40%；3次采油资源税减征30%；低丰度油气田资源税暂减征20%；深水油气田减征30%；油田范围内运输稠油过程中用于加热的原油天然气免征资源税。纳税人开采的原油、天然气同时符合这些规定的，只能选择其中一项执行，不能叠加适用。

③对实际开采年限在15年以上的衰竭期矿山开采的矿产资源，资源税减征30%。

从事石油、天然气开采的企业符合这些规定，可按规定享受减免优惠。

财务人员要想提高税务筹划工作的效率，必然需要牢记和熟练掌握这些税收优惠政策的内容，为企业节税，减轻税收负担。

6. 可用合法的财务手段盘活企业的应收账款

虽然应收账款也是企业的一项资产，且为流动资产，但其流动性与库存现金和银行存款等相比，稍微差一些，因为应收账款一旦形成，什么时候能够收回来，没有明确的答案。

如果企业的应收账款占流动资产比例过大，很可能会导致企业的货币资金短缺，无法扩大企业的生产规模，相应地就不能创造更多利润。严重时还可能导致企业难以正常支持各种成本、费用的开销，甚至没办法向员工发放工资，进而影响企业的正常运营。

另外，应收账款的存在必然需要企业投入大量人力、物力和财力来进行催收工作，增加催收成本，对企业的发展也是不利的。

因此，为了保证企业能正常且顺利地经营下去，防止企业资金链断裂，财务人员必须协助企业管理者做好应收账款的盘活工作。

经济市场中，有一个方法常用来盘活企业的应收账款，那就是"质押应收账款"。

在法律上，应收账款是企业的一项债权，所以应收账款质押就是一种权利质押。应收账款质押就是应收账款的债权人将应收账款这一项债权作为质押，向银行申请贷款或者办理国际信用证开证业务的活动。

需要特别注意，只有通过使用有收款保证的合格应收账款质押，才能有效解决企业授信额度不足的问题，同时帮助企业盘活应收账款，降低资金成本。换句话说，并不是所有应收账款都能成为质押的标的，能够用于质押的应收账款必须具备一定特征，见表6-3。

表6-3　能够用作质押的应收账款应具备的特征

特　　征	描　　述
可转让性	用于设立质押的应收账款必须是依照法律和当事人约定允许转让的。如果当事人在产生应收账款的交易或事项中明确约定基于交易合同产生的一切权利不可转让，则履行这样的合同所产生的应收账款就不能作为质押标的

特　征	描　述
特定性	用于设立质押的应收账款的有关要素，如金额、期限、支付方式、债务人的名称和地址、产生应收账款的基础合同以及基础合同的履行程度等必须明确、具体且固定化。也就是说，如果用于质押的应收账款没有做出前述要素的详细描述和说明，就不能作为质押标的
时效性	用于设立质押的应收账款必须尚未超过诉讼时效。一旦超过了诉讼时效，债权人的债权就会从法律权利变为一种自然权利，对于银行来说，蜕变为一种自然权利的应收账款债权对自己是不利的

那么，企业如何用好"应收账款质押"这一财务手段来盘活企业的应收账款呢？这就要求企业及其内部的财务人员熟知该手段适用的企业范围、需要满足的适用条件以及具体的办事流程等知识。

（1）应收账款质押的适用企业

一般来说，成立时间在两年以上、企业法人代表从业经验四年以上、无不良信用记录，债务人资金实力强劲且具有一定资产规模、现金流量充足且具有较强的付款能力，与企业有长期合作且过去一年中没有因为产品或服务的质量或履约期限等问题而与企业发生商业纠纷的，作为债权人的企业就可以使用"应收账款质押"手段盘活企业的应收账款。

（2）应收账款质押的适用条件

有使用应收账款质押资格的企业，要想顺利使用该方法，还必须符合下列一些条件。

①用于质押的应收账款必须是现有的，不能以将来的应收账款出质，即企业在产生应收账款的基础合同的义务必须已经完全充分履行完毕。

②企业通常只能全额质押应收账款，不能只质押部分应收账款。

③企业应对应收账款拥有完整、合法且有效的债权，保证没有其他抵押或质押行为，不存在合同纠纷或其他法律纠纷，产生应收账款的基础合同合法有效。

④出质的应收账款对应的基础合同中没有禁止或限制转让、限制披露、设定抵销权、可延期付款和账户控制等特殊限制约定。

⑤出质的应收账款的到期日应不晚于所担保债务的到期日。

（3）应收账款质押的办理流程

企业在进行应收账款质押时，可按照图6-1所示的流程开展。

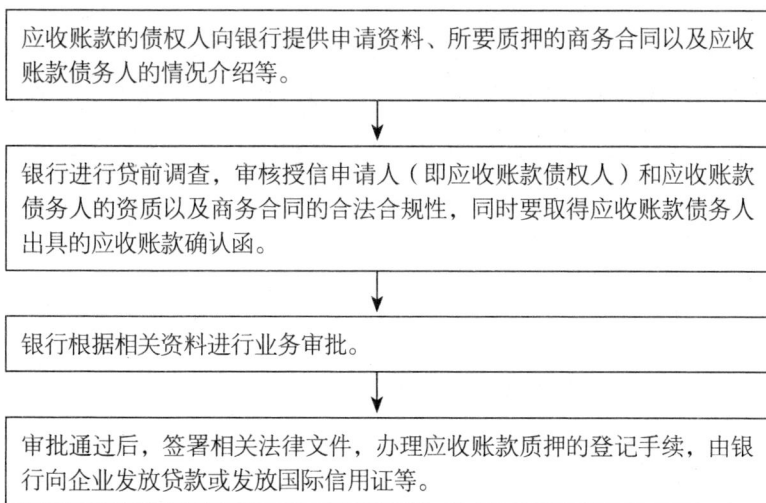

图 6-1　应收账款质押流程

通俗点讲，就是作为应收账款债权人的企业将自己享有的应收账款债权换成了贷款或者信用证。

案例实操　企业利用应收账款质押手段盘活应收账款

某公司是一家主营化妆品销售的企业，同时也是一家外贸企业。已知该公司在境外采购和境内销售这两个环节中均采用信用证方式结算货款。近年来，该公司的业务发展非常迅速，但却存在两个显著的问题。

①公司在银行已经有了高额的综合授信，但仍然不能满足其开证需求，即开证涉及的金额常常突破其最高授信额度。

②在境内销售环节产生了大量的应收账款，资金周转方面比较紧张。即便如此，公司为了控制财务成本，不希望通过叙做贸易融资或交纳保证金的方式在银行办理开证或押汇业务。

那么，该公司如何突破上述两个问题为自己解决资金周转困难的问题呢？很明显，公司必须盘活其境内销售产生的应收账款。

公司可以将已经承付的国内信用证项下的应收账款作为质押标的，向银行申请应收账款质押，请求银行为公司办理国际信用证开证业务，用于从境外采购原材料。当国内信用证应收账款到期日正常收回货款时，银行再按照事先的约定将款项转入企业的保证金账户，然后在国际信用证对外付款日当天从保证金账户直接对外支付采购货款。

实务中，如果用于质押的应收账款的到期日晚于办理的贸易融资及保函授信业务对外付款日或到期日，企业可以要求银行以融资款项对外支付，或者在接触应收账款质押担保关系后以该笔应收账款办理融资业务，接着对外支付或偿还融资款项。最后在应收账款到期日正常收款后，偿还银行融资本息和相关费用，银行再将余款付给企业即可。

因此，财务人员不能一味地认为企业应收账款多就一定会给企业造成不利影响，而应该积极寻求解决应收账款多这一问题的办法。这就要求财务人员转变财务思维，提高自己的工作技能，相应提高工作效率。

7. 适当的举债经营能减轻老板的资金压力

举债经营又称负债经营，一般指企业通过银行借款、发行债券、租赁和商业信用等方式筹集经营所需资金的经营方式。由此可见，只有通过借入方式取得的债务资金才构成负债。

实务中，属于负债经营范畴的负债项目只有实际负债中的短期借款、短期债券和各种负债项目。企业通过负债经营筹集经营所需的资金，可在一定程度上减轻企业的资金压力，通俗理解就是"用别人的钱来挣钱"。

虽然通过负债可使企业减少对自有资金的使用，从而减轻资金压力，但是，并不是负债越多越好，因为负债会牵涉到企业的偿债能力。负债如果过多，企业的资产负债率会越大，偿债能力越弱，企业可能存在无法偿还借款的情况，对企业发展不利。所以，企业举债经营也应适度。

那么，如何判断企业的负债经营是适度的呢？通常利用与偿债能力有关的财务指标来分析判断，如流动比率、速动比率和资产负债率。具体评判标准见表 6-4。

表 6-4　评判企业负债经营是否适度的财务指标

财务指标	计算公式	说　　明
流动比率	流动比率 = 流动资产 ÷ 流动负债	流动比率国际公认标准为 2∶1，也就是说，当企业的流动资产是流动负债的两倍时，企业的举债经营是比较适度的

财务指标	计算公式	说　明
速动比率	速动比率＝速动资产÷流动负债 速动资产＝流动资产－存货	速动比率国际公认标准为1∶1，即企业的速动资产与流动负债基本相等时，企业的举债经营比较适度，既能使企业可以通过举债来减轻营运资金压力，也能保证有较强的偿债能力
资产负债率	资产负债率＝负债总额÷资产总额×100%	资产负债率的好坏标准没有统一，但一般认为在50%左右为宜。在这样的资产负债率情况下，企业负债不会过高而降低偿债能力，也不会因负债过低而减弱举债经营的效果

如果企业决定通过举债经营方式减轻自身的资金压力，就必须考虑举债程度的适当性。但在决定使用该经营方式前，还需关注举债经营的前提条件，以此来判断企业是否适合使用举债经营方式。

①企业必须具有偿付长短期借款到期本息的流动资产。

②企业进行负债生产经营获得的资产净利率必须超过负债利率，即市场借款利率，或者即使个别债务利息过高，但企业整体仍然有利可图。

③资产负债率高于同行业资产负债率平均水平时，企业仍然能控制权益资本不被债权人收购。

④确保举债经营是为了使企业效益最大化，而不是为了借新债还旧债，使企业财务状况一直恶性循环。

企业要想保证自身符合举债经营的前提条件，必须做好下列工作。

（1）分析并确定企业的资金需求量

在决定举债筹集资金之前，企业需要认真分析并确定投入产出比，从而确定企业所需的资金数量，避免盲目举债给企业带来资金压力。确定资金需求量时除了要关注产品的生产规模，还要关注产品的销售情况，做好市场调查与预测，这样才能合理地确定投入产出比，从而确定需要通过举债获取的资金数量。

（2）研究资金投入方向

无论是企业举债获得的资金，还是投资者投入形成的自有资金，在使用时都应避免范围和项目过于分散，从而降低资金的投入产出率。由于举债经营用的是别人的钱进行生产、投资，因此更应该重视其投入产出效果，投入产出率越高，才能使债务最终能更好地得到偿还，否则企业举债经营就会给自身带来偿债负担，得不偿失。

一般来说，企业资金应该投入到重点产品的生产销售中去。同时，财务人员还要认真考虑向产品中投入多少才能起到发展生产的作用，生产出来的产品具体能为公司赢得多少利润，能为公司提高多少偿债能力等。

（3）要认真选择举债资金的来源

企业在通过举债筹集生产经营用资金时，必须认真选择举债资金的来源，以最大限度地降低资金成本。因为不同的资金来源，对应的资金成本显然是不同的，所以企业必须考虑举债资金的筹集渠道和方式。

为什么说适当的举债经营能为企业减轻资金压力呢？主要体现在三个方面。

● 可有效降低企业的加权平均资金成本。

一方面，企业的债权人向企业借出款项，属于债权性投资，而该类投资的收益率一般比较固定，到期能收回本金；反过来，企业借入资金就需要承担较大的风险。企业如果通过接受投资者投资筹集资金，进而形成权益资金，则财务风险小，但相比之下，企业付出的资金成本比举债筹资付出的资金成本高。

另一方面，举债经营可以从税收方面受益。因为举债筹资的利息支出可以在税前列支，使企业能减少企业所得税的应纳税所得额，从而获得减少纳税的好处。

综合这两方面的好处，在企业资金总额一定的情况下，一定比例的举债经营能有效降低企业的加权平均资金成本。

● 可增强财务杠杆效应以提高权益资本收益率。

企业在举债时向债权人支付的利息是一项与企业盈利水平高低无关的固定支出，当企业总资产收益率发生变化时，使每股收益发生更大幅度的变动，这就是"财务杠杆效应"。

杠杆效应的存在，使企业资本收益率大于负债利率时，所有者的收益率（即权益资本收益率）能在资本收益率增加的同时获得更大程度的增加。所以，一定程度的负债经营可提高权益资本的收益率。权益资本收益率提高，则企业的权益资本的增长速度就会更快，权益资本的规模会不断增大，从而为保障企业的正常运营提供有力的资本环境，相应地就会减轻企业的资金压力。

● 可使企业从通货膨胀中获益。

经济市场中，在有通货膨胀的影响下，货币会贬值，物价会上涨，而企业举债所产生的负债，仍然以最初的账面价值为标准进行偿还，是不考虑通货膨胀这一影响因素的。这样一来，企业实际偿还款项的真实价值必然低于其借入款项的真实价值，使得企业获取货币贬值的收益。

从货币价值来看，企业获取的货币贬值收益在一定程度上减轻了自身的资金压力。

8. 比起资金的数量，资金的流动性更重要

从广义的角度来说，企业的资金就相当于企业的资产，资产越多，说明资金越多。根据资产负债表可知，企业的资产分为流动资产和非流动资产，相应地就可以看成是流动资金和非流动资金。

流动资金一般是投入在流动资产中的资金，而非流动资金自然是投入在非流动资产中的资金。一家企业的资金总数很大，但可能流动性资金很少，比如大部分资金都投入到了固定资产、无形资产等非流动资产中，或者是流动资产中流动性比较弱的存货中。

在探讨为什么资金流动性更重要之前，首先要了解什么是资金流动性。它指资金的实物形态随着价值转移而不断变换的性质。具有流动性的资金称为流动资金，如工业企业的备用金、生产资金和商业企业的商品资金等。换句话说，资金流动性越强，资金的实物形态就能更迅速地随着价值转移而变换；反之，资金流动性越弱，资金的实物形态随着价值转移而变换的速度就会减慢，在生产经营过程中就可能耽误事儿。

所以，一旦企业的流动资金少了，就很可能面临资金链断裂的问题，严重时会导致企业破产。由此可见，比起资金的数量，资金的流动性似乎更为重要。为什么呢？因为流动性强的资金具有诸多优点。

● 增强企业经济系统的弹性。

对企业来说，稳定且较强的资金流动性能与商品经济流动性形成互补状态，更大程度上促进企业的整个经济系统的稳定，增强经济系统的弹性，使供、产、销活动的衔接和开展更加顺畅。

● 增强企业抵抗风险的能力。

资金流动性越强，企业资金使用会更自由，同时也说明资金的运用会更灵活，资金的调度会更顺利，使企业不至于面临资金周转困难甚至资金链断裂的风险，从而增强抵抗风险的能力。

● 减少资金短缺成本。

资金流动性越强，企业发生资金短缺的可能性就越小，使资金短缺成本越低。在同等价值的货币资金和存货之间，显然货币资金的流动性更强，比较企业只有货币资金和只有存货的情况，则只有存货时企业面临资金短缺的风险会更大，短缺成本会更高。这样看来，资金的数量确实没有资金的流动性重要。

需要注意，这里所说的"资金"泛指投入到企业各种经济活动或者资产中的资金，并不是指现金。如果是现金，其数量越多，也能在一定程度上提高企业的资金流动性，但此时也会造成现金过多而闲置，进一步增加企业的机会成本，这么算下来，资金管理的总成本不一定低。这就更能说明资金流动性的重要性。

● 提高企业的偿债能力。

资金流动性越强，越能保证企业有足够的资金用于偿还负债，使得企业的偿债能力增强。但是，实务中企业的资金流动性不能过强，过强很可能意味着企业拥有过多的货币资金，这意味着企业错过很多投资机会，进而失去资本增值的机会，即资金的机会成本会上升。

虽然说比起资金的数量，资金的流动性更重要，但这并不是说资金的数量就不重要了。同样地，资金数量也很重要。试想一下，如果企业的资金数量不够支持其正常运营，则经济活动无法顺利开展，又何谈收入、何谈获取利润呢？更不用期待企业能够长远地发展、壮大。

所以，作为企业的财务人员，要协助企业管理好资金数量，并将资金的流动性维持在一个合理的水平，这样才能极大地发挥资金的作用，为企业的经营与发展提供帮助。同时，也只有了解这样的财务思维，财务人员才能在工作中把握好工作要点和难点，提高工作质量和效率。

第7章

利用 Excel 辅助高效处理财务数据

相信很多会计从业者都知道，财务工作不仅需要用到专业的财务软件，很多时候还会用到 Excel 来制作各种表格、表单，Excel 是财务人员开展财务工作的重要辅助工具，可以帮助财务人员高效处理财务数据，比如查找数据、突出显示重要数据等。本章详细介绍 Excel 在财务工作中的运用。

1. 事先编制表格模板，随用随取

Excel 一般指 Microsoft Office Excel，是一款电子表格软件，拥有出色的计算功能和图表工具，已经成为最流行的个人计算机数据处理软件。

对企业来说，很多自制的表单、表格等原始凭证都需要借助 Excel 来完成。虽然第一次制作时可能会耗费一定的时间，但可以将第一次制作的表单、表格等作为模板保存下来，之后工作中如有需要，就能直接随取随用，提高工作效率。下面就以制作比较简单的借款单为例，详细讲解制作步骤。

案例实操 利用 Excel 制作借款单

启动 Excel，新建一个空白工作表，先不考虑借款单的表格结构，在表格内恰当的位置输入借款单文字内容，如图 7-1 所示。

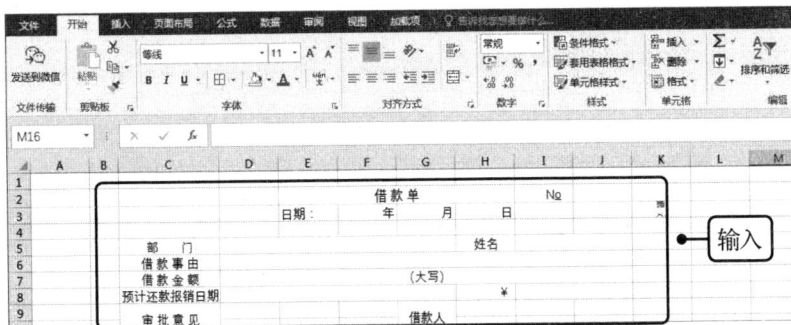

图 7-1　新建工作表并输入表单的文字内容

然后对表格单元格的高度、宽度、字体及其大小等进行设置，同时将需要合并的单元格进行合并，以便清晰地展示表单的文字内容，如图7-2所示。

图7-2　设置表单样式

所有格式调整好后，对表单添加相应的边框，使其看起来更像表单模板，确认无误后单击工作表左上角的"保存"按钮，如图7-3所示。

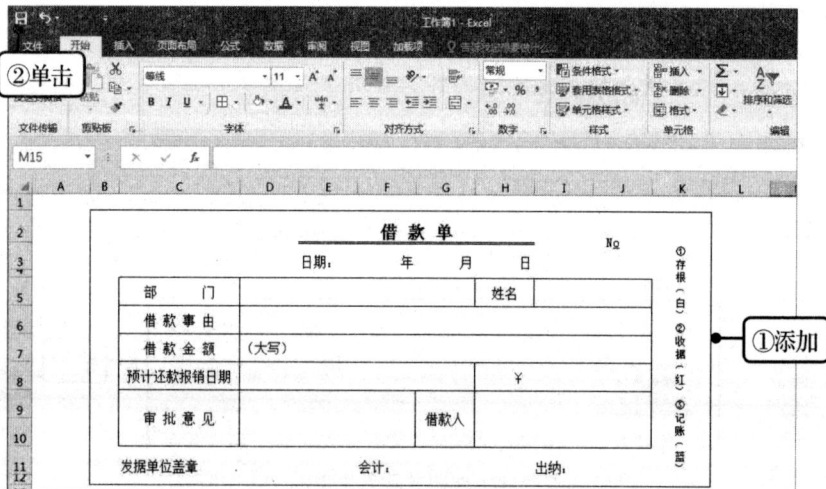

图7-3　为表格添加边框

在打开的 Backstage 视图页面选择"浏览"选项，如图7-4（左）所示，打开"另存为"对话框，选择新建工作簿的保存位置，输入工作簿的名称，单击"保存"按钮，即可保存借款单模板，如图7-4（右）所示。

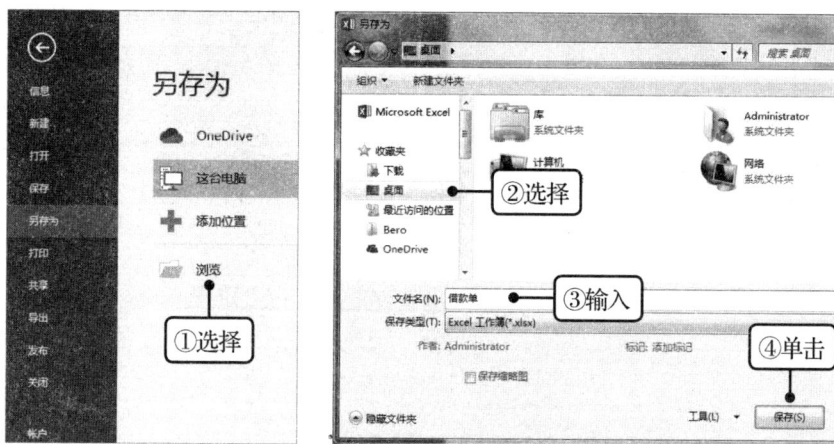

图7-4　保存借款单为模板

返回Excel工作簿界面，即可查看到命名后的工作簿打开状态，如图7-5所示。

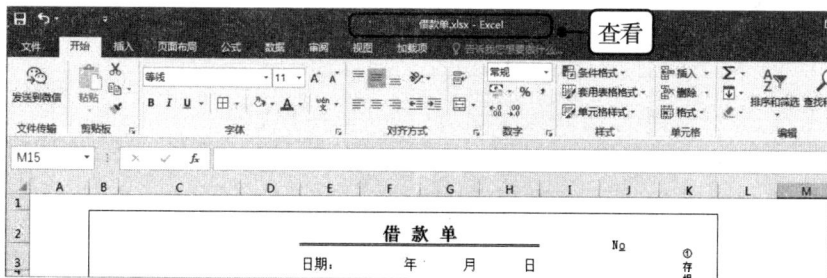

图7-5　命名后工作簿的打开状态

按照同样的方法，财务人员可将财务工作中涉及的其他表单和表格提前制作出模板保存起来，方便日后随取随用。如差旅费报销单、收据、费用报销单、现金清查盘点报告表和银行存款余额调节表等，这些表单的常见样式分别如图7-6、图7-7、图7-8、图7-9和图7-10所示。

差 旅 费 报 销 单

报销部门：   年   月   日

姓名		职别			出差事由					

出差地点	日期	区间	人数	天数	其中：途中天数	局内/局外	补贴项目	人数	天数	标准	金额
	月 日- 月 日						伙食补贴				
	月 日- 月 日						交通费补贴				
	月 日- 月 日						司机出车补贴				
	月 日- 月 日						未卧补贴				
	月 日- 月 日						小 计				

项 目	报销数		审核数		说明：
	单据张数	报销金额	单据张数	审核金额	
住 宿 费					
车 船 票					主（分）管领导审批：
飞 机 票					
小 计					

合计金额大写：	合计金额小写：

单位盖章   会计：   出纳：   报销人：

图 7-6   差旅费报销单

收 据   No

日期：   年   月   日

收 到 _____

备注：_____

金额（大写） 拾 万 仟 佰 拾 元 角 分   ￥

附 注：

发据单位盖章   会计   出纳   经手人

①存根（白）②收据（红）③记账（蓝）

图 7-7   收据

费 用 报 销 单   No

报销部门：   日期：年 月 日   单据及附件共_____页

报销项目	摘 要	金额							备注
		十	万	千	百	十	元	角 分	领导审批
合 计									

金额大写： 拾 万 仟 佰 拾 元 角 分   原借款：   元   应退（补）款：元

发据单位盖章   会计：   出纳：   报销人：

图 7-8   费用报销单

现金清查盘点报告表

单位名称：　　　　　　　　　　　　年　月　日　　　　　　　　　　　　单位：元

清点现金			核对账目		
货币面值	张数	金额	项　　　目	金额	备注
100元			现金账面余额		
50元			加：收入凭证未记账		
20元			减：付出凭证未记账		
10元			调整后现金账面余额		
5元			实点现金		
2元			长款（+）		
1元			短款（-）		
5角					
2角					
1角					
5分					
2分					
1分					
实点合计					
财务主管：			出纳员：		

图 7-9　现金清查盘点报告表

银 行 存 款 余 额 调 节 表

编制单位：　　　　　　　　　　　　年　月　　　　　　　　　　　　金额单位：元

银行账号：　　　　　　　　开户行：　　　　　　　　　　　　币种：人民币

项　　　目	金　额	项　　　目	金　额
企业银行存款账面余额		银行对账单余额	
加：银行已收而企业未收的款项		加：企业已收而银行未收的款项	

序号	记账日期	票据号码	摘　要	序号	记账日期	票据号码	摘　要

减：银行已付而企业未付的款项	减：企业已付而银行未付的款项

序号	记账日期	票据号码		序号	记账日期	票据号码	摘　要

调节后的存款余额：		调节后的存款余额：	
财务主管：　　　　复核：　　　　　　　　出纳：　　　　　　　　年　月　日			

图 7-10　银行存款余额调节表

2. 如何快速查找财务表格中的数据

财务日常工作就是与众多数据打交道，因此很多财务表格中储存有大量的数据。使用时如果逐项查找，就会非常耗时，因此财务人员必须学会如何快速查找财务表格中的数据。下面以在应收账款月报表中查找出目标数据为例，讲解具体的操作过程。

案例实操 在应收账款月报表中找到客户"M公司"的应收账款记录

打开"应收账款月报表"工作簿，在"开始"菜单选项卡下的"编辑"组中单击"查找和选择"下拉按钮，在弹出的下拉菜单中选择"查找"选项，如图7-11所示。

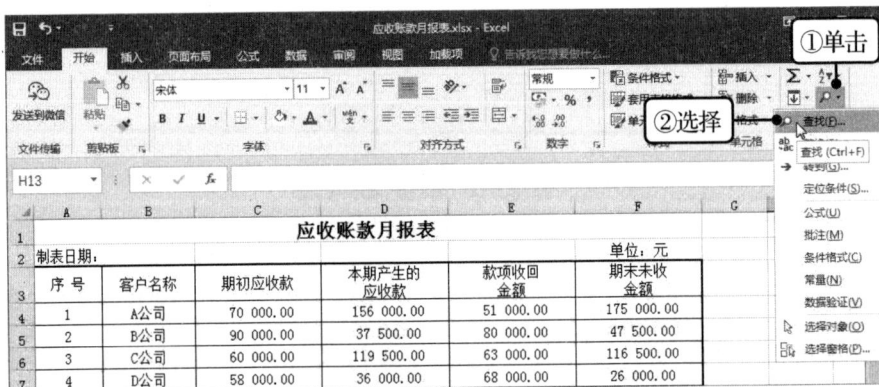

图7-11 选择"查找"选项

打开"查找和替换"对话框，在"查找"选项卡下的"查找内容"文本框中输入"M公司"，单击"查找下一个"按钮，如图7-12所示。

此时，可以在应收账款月报表中看到查找目标已经被定位，如图7-13所示，这样就能很快找到M公司的应收账款记录。

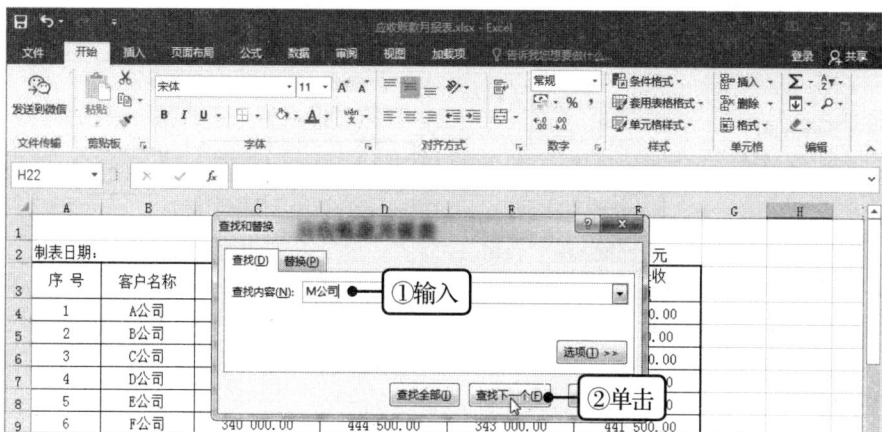

图 7-12　输入需要查找的关键词"M 公司"

图 7-13　找到目标公司的应收账款记录并定位

拓展贴士 *对 Excel 中"查找"功能的补充说明*

　　如果在工作中，财务人员遇到了需要在复杂的 Excel 表格中查找目标数据的情况时，前述提及的简单查找操作可能无法满足需求，此时需要借助"查找"功能的其他设置，比如查找范围、查找内容是否区分大小写或者全 / 半角等设置。

　　若有需要，则在"查找与替换"对话框的"查找"选项卡下单击"选项"按钮，在展开的内容中进行具体的设置，如图 7-14 所示。

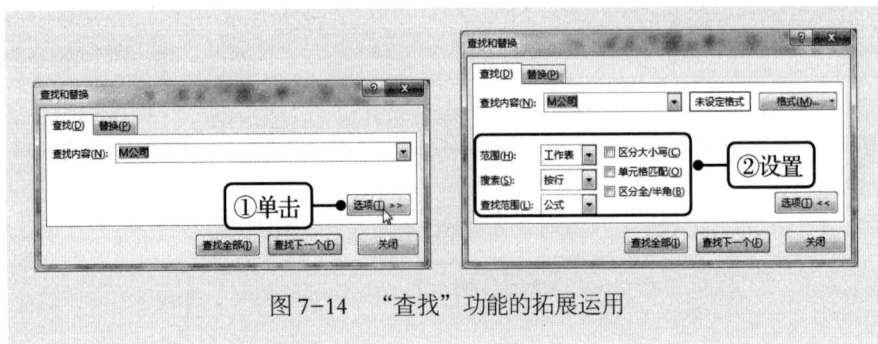

图 7-14 "查找"功能的拓展运用

3. 学方法，对会计数据进行分类显示

对会计数据进行分类显示实际上是根据某一个特征将同一类别的数据集中在一起，便于分类查看的操作。分类显示会计数据有利于财务人员进行分类汇总分析。

分类汇总就是根据某个关键字，将具有相同值的数据记录并整理到一起，方便对某一类数据进行汇总分析。当然，并不是所有表格都可以进行分类汇总操作。

能够进行分类汇总操作的表格，其原始数据表格的结构必须满足一定的要求。如果数据源包含合并单元格的复杂表头，或者是普通二维表格的表头包含了空白单元格，这些情况下的表格都不能使用分类汇总操作。财务人员使用时一定要注意。下面就以对"应收账款账龄分析表"进行分类汇总为例，介绍分类显示会计数据的操作。

案例实操 对"应收账款账龄分析表"的数据进行分类汇总显示

图 7-15 所示的是某公司 2020 年 7 月~9 月发生的所有应收账款的统计

记录，在该表中按日期记录了这段时间内各客户公司的欠款情况。首先在"到期日期"列后添加一个辅助列。

图 7-15　为应收账款账龄分析表添加辅助列

选择辅助列下方的单元格（这里为 I4 单元格），然后在工作表区域上方的编辑栏中输入"=MONTH(H4)&" 月 ""公式，按 Enter 键即可从到期日期中提取出月份数据，如图 7-16 所示。

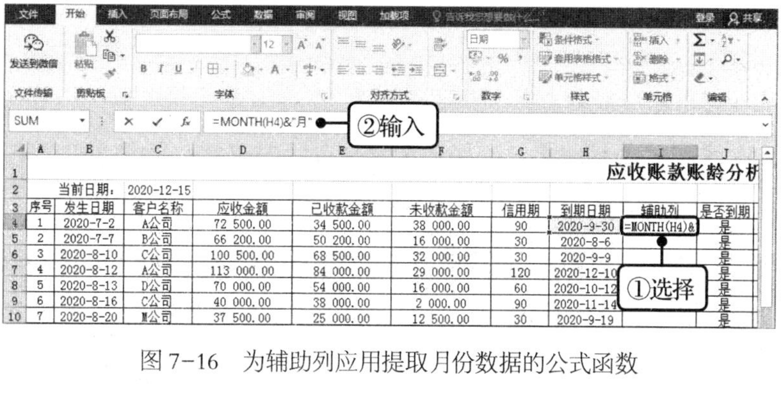

图 7-16　为辅助列应用提取月份数据的公式函数

再次选择 I4 单元格，将鼠标光标移动到单元格右下角变成"+"状态，再按住鼠标左键不放并拖动鼠标，到应收账款账龄分析表辅助列的最后一条记录处释放鼠标，此时所有记录均可将到期日中的月份提取出来，如图 7-17 所示。

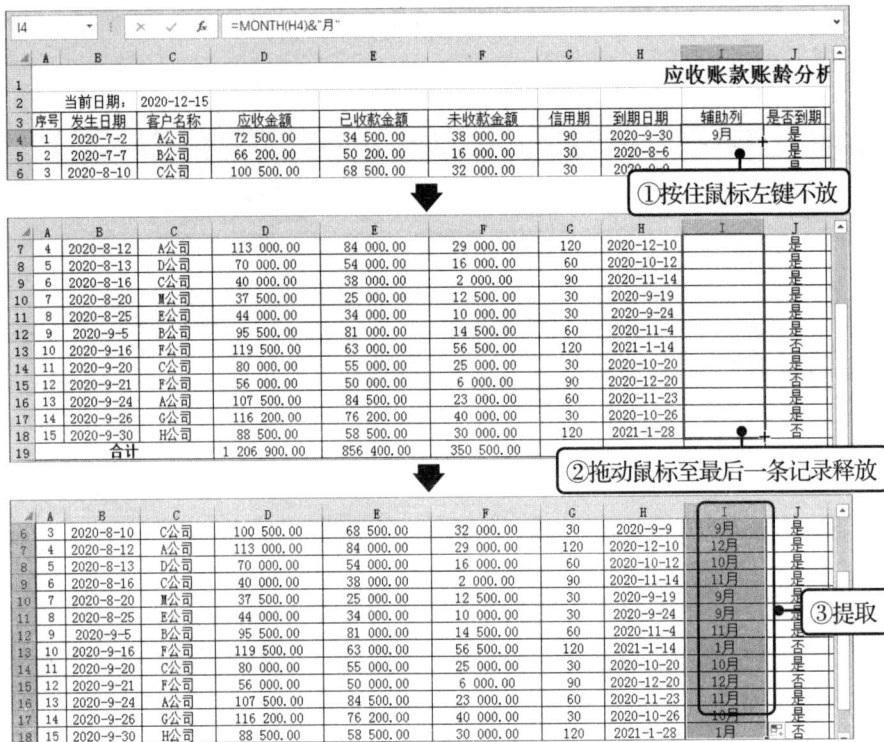

图7-17 提取其他记录的到期日期的月份

选择整个账龄分析表的记录（这里为 A3:Q18 单元格区域），单击"开始"选项卡下的编辑组中的"排序和筛选"下拉按钮，在弹出的下拉菜单中选择"自定义排序"选项，如图7-18所示。

图7-18 选择"自定义排序"选项

在打开的"排序"对话框中，设置主要关键字、排序依据和次序分别为"辅助列""数值"和"降序"，单击"确定"按钮，如图 7-19 所示。

图 7-19　根据辅助列数据对记录重新排序

返回工作表即可查看按照降序排列的辅助列数据记录展示效果。重新选择所有记录的单元格区域（即 A3:Q18 单元格区域），单击"数据"选项卡，在"分级显示"组中单击"分类汇总"按钮，如图 7-20 所示。

图 7-20　单击"分类汇总"按钮

打开"分类汇总"对话框，设置分类字段和汇总方式分别为"辅助列"和"求和"，在"选定汇总项"下拉列表框中选中需要汇总数据的项目的复选框，单击"确定"按钮，如图 7-21 所示。

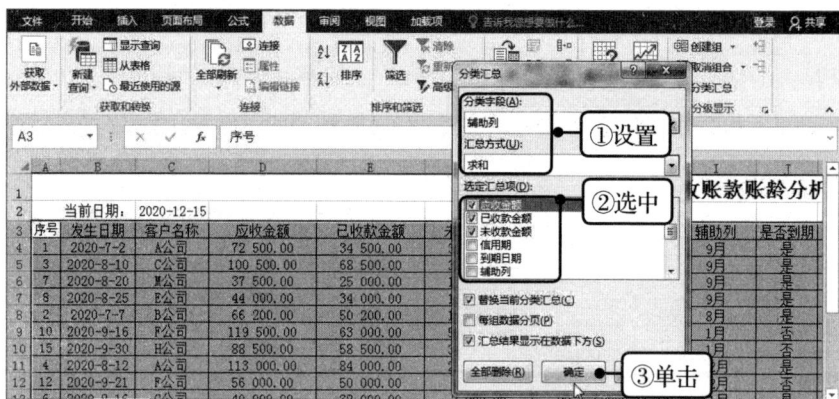

图7-21 设置分类字段和汇总方式等参数

此时应收账款账龄分析表的数据就会按照到期月份的不同，对所选的汇总项目进行分类汇总，如图7-22所示。

图7-22 完成应收账款账龄分析数据的分类汇总显示操作

拓展贴士 关于分类汇总操作中的易错点

在对财务数据进行分类汇总显示时，如果表格中有合并单元格，比如合计行、或总计行等，在进行单元格区域的选择时，不能选中合计行或总计行所在的行，否则分类汇总操作会不成功。

　　这里介绍的分类汇总操作由于需要选择目标单元格区域，所以对于财务数据非常多的一张 Excel 表格来说，操作起来也比较麻烦。为了使操作更简单，在进行分类汇总操作前，先将表格中的合并单元格删除，然后选择任意单元格即可顺利地进行分类汇总。比如这里的应收账款账龄分析表，可先将表标题"应收账款账龄分析表"、当前日期、单位以及会计数据记录的"合计"行删除，再进行分类汇总操作。

4. 掌握方法将财务表格中的重要数据突显出来

　　对财务人员来说，要想在众多财务数据中快速找到重要数据，必须掌握一定的方法。而最常用的就是将重要数据用特别的颜色突显出来，在 Excel 表格中能轻松实现这一目的。

　　在 Excel 中，可以使用系统提供的条件格式的突出显示功能，实现自动对符合条件的单元格或数据记录设置填充色，以此来突显数据。在使用时既可以使用程序内置的条件，也可以使用自定义公式设置条件。

　　下面就以在 Excel 中对资产负债表中的几个合计和总计数据进行突出显示为例，学习具体的操作方法。

案例实操 将资产负债表中的各资产合计与总计数突出显示

　　打开"资产负债表"工作簿，选择资产负债表中的"资产""期末余额"和"年初余额"这三列数据（这里选中 B4:D35 单元格区域），然后单击"开始"选项卡"样式"组中的"条件格式"下拉按钮，在弹出的菜单中选择"新建规则"选项，如图 7-23 所示。

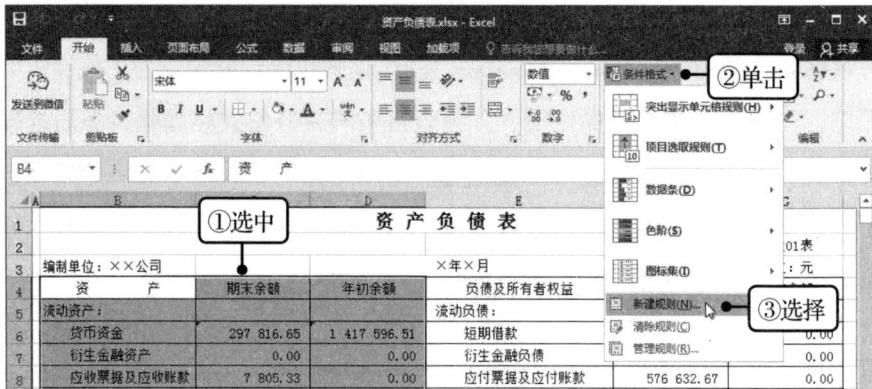

图 7-23 选择"新建规则"选项

在打开的"新建格式规则"对话框中选择规则类型为"使用公式确定要设置格式的单元格"选项，并在"为符合此公式的值设置格式"文本框中输入公式"=OR(NOT(ISERROR(SEARCH("* 合计 ",\$B4))),NOT(ISERROR (SEARCH("* 总计 ",\$B4))))"，单击"格式"按钮，如图 7-24（左）所示。在打开的"设置单元格格式"对话框中单击"填充"选项卡，选择需要填充的颜色，单击"确定"按钮，如图 7-24（右）所示。

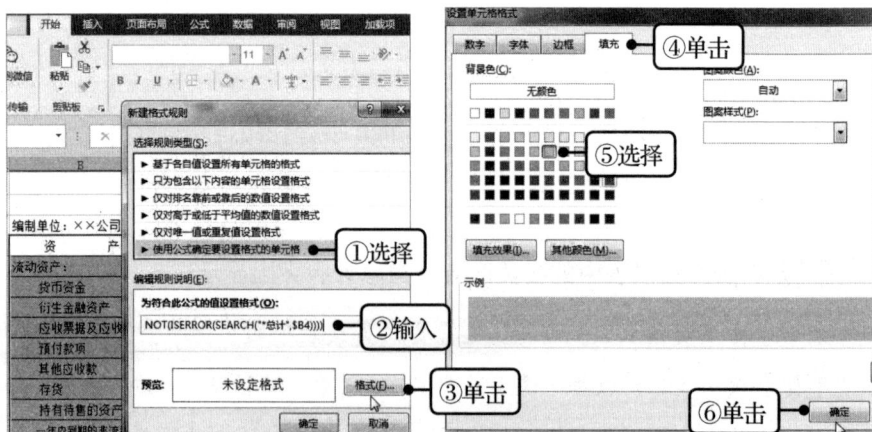

图 7-24 使用公式查找需要设置格式的单元格并选择填充色

返回"新建格式规则"对话框，单击"确定"按钮，如图 7-25（左）所示，此时就可看到资产负债表中的"流动资产合计""非流动资产合计"和"资产总计"行单元格填充了颜色，突出显示这几个重要的财务数据。

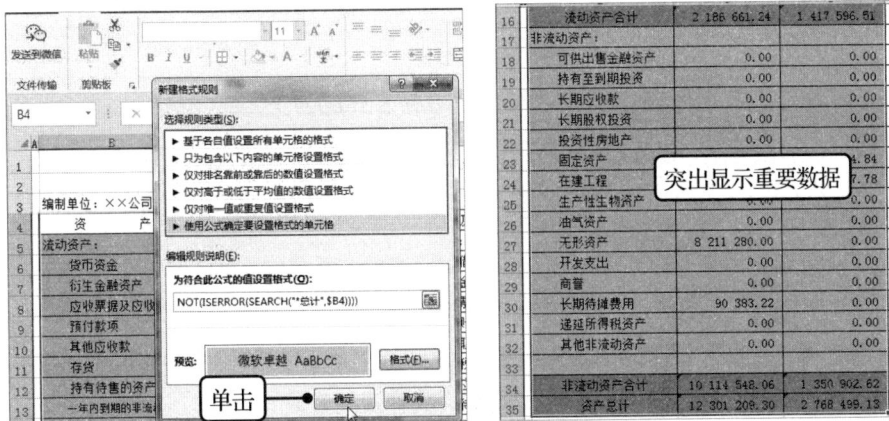

图 7-25　突出显示资产负债表中的重要数据

选中右侧的"负债及所有者权益""期末余额"和"年初余额"这三列数据（这里为 E4:G35 单元格区域），按照同样的方法进行设置。但与前述操作有所不同，在"新建格式规则"对话框的"为符合此公式的值设置格式"文本框中输入的公式为"=OR(NOT(ISERROR(SEARCH("★合计",\$E4))),NOT(ISERROR(SEARCH("★总计",\$E4))))"，效果如图 7-26 所示。

图 7-26　对资产负债表右侧的重要数据进行突出显示

此时，资产负债表右侧被突出显示的重要数据就是"流动负债合计""非流动负债合计""负债合计""所有者权益合计"以及"负债和所有者权益总计"。

拓展贴士 *在运用突出显示功能时使用的公式的含义*

=OR(NOT(ISERROR(SEARCH("* 合 计 ",$B4))),NOT(ISERROR(SEARCH("* 总计 ",$B4))))。

在该公式中，"SEARCH("*合计",$B4)"表示在所选单元格区域中搜索以"合计"字样结尾的值，而"$B4"表示绝对引用，其作用是使 C 列"期末余额"和 D 列"年初余额"中的对应合计数或总计数单元格也能突出显示。同理，在第二个公式中，"$E4"表示绝对引用，其作用则是使 F 列"期末余额"和 G 列"年初余额"中的对应合计数或总计数单元格也能突出显示。

"ISERROR(SEARCH("* 合计 ",$B4))"表示判断单元格值不是以"合计"字样结尾；"NOT(ISERROR(SEARCH("* 合计 ",$B4)))"表示判断单元格值是以"合计"字样结尾，此时就为该单元格填充所选的颜色。

"OR(NOT(ISERROR(SEARCH("* 合 计 ",$B4))),NOT(ISERROR(SEARCH("* 总计 ",$B4))))"则表示结尾有"合计"字样或者有"总计"字样的单元格值都突出显示。

这是比较复杂的突出显示规则，如果在工作中有一些简单的需求，可以运用 Excel 内置的一些条件设置突出显示规则，见表 7-1。

表 7-1 Excel 内置的一些突出显示规则的条件

条　件	作　用
大于	用于突出显示大于某个指定数据的所有数据。比如某公司核定的库存现金限额为 5 000.00 元，就可以对库存现金清查盘点表中的库存现金合计数进行相应设置，当合计数大于 5 000.00 元时就突出显示该项合计数据

条　件	作　用
小于	用于突出显示小于某个指定数据的所有数据。比如可以对利润表中的"营业利润""利润总额"和"净利润"这三个数据设置突出显示，即当这三项数据小于 0.00 时，就突出显示这三项数据，这样就可以使财务人员快速了解到企业当期的经营是否亏损
介于	用于突出显示介于某个范围的所有数据。比如在进行财务指标分析时，对于某一指标的数值，如果介于某一区间范围就表示正常
等于	用于突出显示等于某个具体数据的所有数据。比如可用来判断银行存款余额调节表是否平衡，即当银行存款余额调节表中的左右两边的调整后的余额相等时，突出显示调整后的余额
文本包含	用于突出显示文本数据中包含指定字符的所有数据。比如财务报表附注中突出显示包含"现金流量"文本的数据，以引起财务人员对企业现金流量的重视
发生日期	用于突出显示指定发生日期的所有数据。比如突出显示应收账款账龄分析表中到期日为 2020 年 12 月 16 日的应收账款数据，以使财务人员及时发现到期应收回的款项
重复值	用于突出显示指定数据集合中的所有重复数据。比如在查对账工作中，突出显示原材料账户的重复值，以便财务人员及时发现重复记录的采购数据

5. 学会利用 Excel 进行财务指标分析

在利用 Excel 进行财务指标分析之前，必须确保有相应的数据源，再利用 Excel 轻松计算出各种财务指标的值，得出的值就能用来分析判断企业的经营情况。

要想利用好 Excel 进行财务指标分析，财务人员必须熟练掌握财务指标的运算公式。常见的财务指标见表 7-2。

表 7-2 常见的财务指标及其运算公式

指　　标	运算公式
现金比率	反映企业的短期偿债能力 计算公式为：现金比率 =（现金 + 现金等价物）÷ 流动负债
现金流量 比率	反映企业的短期偿债能力 计算公式为：现金流量比率 = 经营活动产生的现金流量净额 ÷ 流动负债
股东权益 比率	反映企业的长期偿债能力 计算公式为：股东权益比率 = 股东权益总额 ÷ 资产总额 ×100%
权益乘数	反映企业的财务杠杆效益 计算公式为：权益乘数 = 资产总额 ÷ 股东权益总额
产权比率	反映企业的长期偿债能力 计算公式为：产权比率 = 负债总额 ÷ 股东权益总额
利息保障 倍数	反映企业的长期偿债能力 计算公式为：利息保障倍数 = 息税前利润 ÷ 利息费用
应收账款 周转率	反映企业的营运能力 计算公式为：应收账款周转率 = 赊销收入净额 ÷ 应收账款平均余额； 应收账款平均余额 =（期初应收账款余额 + 期末应收账款余额）÷2
总资产 周转率	反映企业的营运能力 计算公式为：总资产周转率 = 销售收入 ÷ 资产平均总额； 资产平均总额 =（期初资产总额 + 期末资产总额）÷2
资产 净利率	反映企业的盈利能力 计算公式为：资产净利率 = 净利润 ÷ 资产平均总额 ×100%
成本费用 净利率	反映企业的盈利能力 计算公式为：成本费用净利率 = 净利润 ÷ 成本费用总额 ×100%； 成本费用总额 = 营业成本 + 税金及附加 + 销售费用 + 财务费用 + 管理 费用 + 所得税费用等
销售 净利率	反映企业的盈利能力 计算公式为：销售净利率 = 净利润 ÷ 营业收入净额 ×100%

续表

指　标	运算公式
销售增长率	反映企业的发展能力 计算公式为：销售增长率 = 本年营业收入增长额 ÷ 上年营业收入总额 × 100%
资产增长率	反映企业的发展能力 计算公式为：资产增长率 = 本年总资产增长额 ÷ 年初资产总额 ×100%
利润增长率	反映企业的发展能力 计算公式为：利润增长率 = 本年利润总额增长额 ÷ 上年利润总额 ×100%； 净利润增长率 = 本年净利润增长额 ÷ 上年净利润总额 ×100%

以表 7–2 中所列的财务指标为例，讲解使用 Excel 进行偿债能力分析的操作。

案例实操 利用 Excel 计算功能计算相关财务指标的值并分析偿债能力

新建一个“偿债能力分析”工作簿，其中引入资产负债表和现金流量表的摘要内容。打开工作簿，是某公司的季度资产负债表和现金流量表数据摘要，如图 7–27 所示。

资产负债表

2020年09月30日

期末余额	期初余额	负债和所有者权益
		流动负债：
10 631 100.00	11 374 900.00	应付账款
15 966 400.00	6 355 000.00	应付账款
2 847 900.00	2 563 100.00	流动负债合计
2 896 500.00	2 192 900.00	非流动负债：
15 914 400.00	17 529 800.00	非流动负债合计
55 188 100.00	47 212 700.00	负债合计
		所有者权益（或股东权益
43 628 900.00	67 914 500.00	盈余公积
24 021 500.00	26 622 800.00	未分配利润

度资产负债表摘要　季度现金流量表　季度 ...

现金流量表

单位名称：××公司　　单位：元

项目	行次	本期金额
一、经营活动产生现金流量：	1	
销售商品、提供劳务收到的现金	2	158 733 500.00
经营活动现金流入小计	5	159 449 900.00
经营活动现金流出小计	10	143 119 600.00
经营活动产生的现金流量净额	11	16 330 300.00
二、投资活动产生的现金流量：	12	
投资活动现金流入小计	17	422 800.00
投资活动现金流出小计	22	18 167 400.00
投资活动产生的现金流量净额	23	(17 744 600.00)
三、筹资活动产生的现金流量：	24	
筹资活动现金流入小计	28	83 160 800.00

... 季度资产负债表摘要　季度现金流量表　季度现金流量表摘要

图 7–27　资产负债表和现金流量表

这里需要注意的是，表格中带“（ ）”的数据表示负数。在资产负债表下方选择一个空白单元格，输入“现金比率”文本，再选中右侧单元格并输入"=",如图7-28(左)所示。单击工作簿下方的"季度现金流量表摘要"标签切换工作表,在现金流量表中选中现金和现金等价物的当期期末余额单元格(如这里的C20单元格),接着输入"/"号(表示"除以"),如图7-28(右)所示。

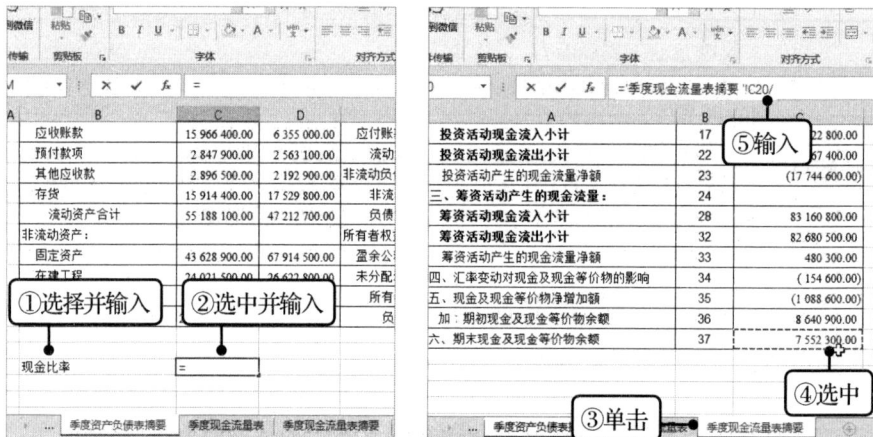

图7-28　以选择单元格的方式输入计算公式的分子

单击"季度资产负债表摘要"标签返回资产负债表工作表,再选中流动负债合计的当期期末余额单元格(如这里的F8单元格),如图7-29所示,按【Enter】键即可自动计算出2020年第三季度的现金比率。

图7-29　输入计算公式的分母并算出财务指标值

按照同样的方法，计算出现金流量比率、股东权益比率和产权比率，计算结果如图 7-30 所示。

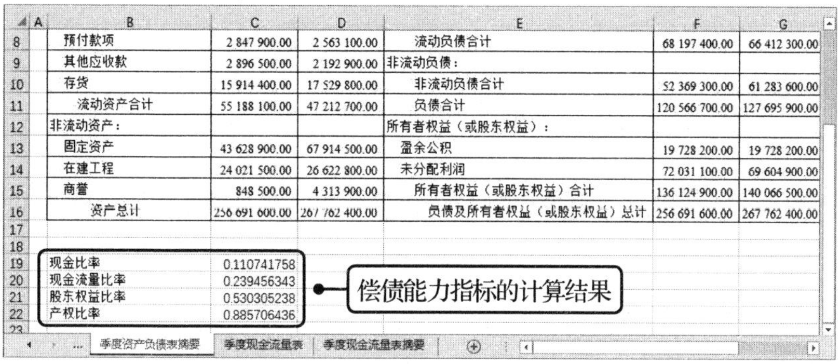

图 7-30　计算其他偿债能力指标的值

从计算结果可知，该公司 2020 年第三季度的现金比率、现金流量比率、股东权益比率和产权比率分别为 0.11、0.24、0.53 和 0.89。

现金比率 0.11 说明该公司 100.00 元的负债只有 11.00 元的现金及现金等价物可用来偿还，但现金流量比率 0.24 说明经营活动可以有 24.00 元的现金及现金等价物偿还 100.00 元的负债，说明经营活动产生的现金流量提升了公司总体的现金比率水平，但整个现金比率较低，说明企业的偿债能力不强，一旦有突发情况，就很可能使公司的资金链断裂。

股东权益比率 0.53 说明公司的股东权益总额占资产总额超过 50%，相应地负债总额占资产总额小于 50%，也就是说负债总额小于股东权益总额，这也印证了产权比率 0.89，同时也说明公司的资产负债率接近 50%，在比较合理的范围内，企业的长期偿债能力较强。

因为现金比率和现金流量比率一般用来衡量企业的短期偿债能力，而股东权益比率、产权比率和资产负债率等一般用来衡量企业的长期偿债能力，短期偿债能力不强的最主要原因是流动性资产过少，企业面临的短期偿债压力较大；而长期偿债能力较强是因为从总体上来看，企业的资产是负债的两倍多，偿还长期债务的压力相对较小。

以同样的方法还可以计算出反映其他能力的财务指标的值。结合资产负债表和利润表数据，可得出应收账款周转率、总资产周转率等营运能力指标和资产净利率、成本费用净利率及销售净利率等盈利能力指标，如图 7-31 所示。

	A	B	C	D	E	F	G
13	二、营业利润（亏损以"-"号填列）	13	6 212 000.00	4 236 700.00			
14	加：营业外收入	14	129 100.00	275 100.00			
15	减：营业外支出	15	193 500.00	216 500.00			
16	三、利润总额（亏损以"-"号填列）	16	6 147 600.00	4 295 300.00			
17	减：所得税费用	17	1 747 400.00	2 227 800.00			
18	四、净利润（亏损以"-"号填列）	18	4 400 200.00	2 067 500.00			
19							
20	应收账款平均余额		11 160 700.00				
21	应收账款周转率		4.454245701		营运能力和盈利能力指标的计算结果		
22	资产平均余额		262 227 000.00				
23	总资产周转率		0.189578114				
24	资产净利率		0.016780118				
25	成本费用总额		49 618 100.00				
26	成本费用净利率		0.088681348				
27	销售净利率		0.088512949				
28							

季度资产负债表摘要　季度利润表　季度利润表摘要

图 7-31　营运能力指标和盈利能力指标的值

从计算结果可知，该公司的应收账款周转率为 4.45，即应收账款一年大概会周转 4 次，平均每个季度周转一次；总资产周转率为 0.19，即总资产一年也周转不到一次，说明该公司的营运能力较弱，利用资产获取收益的能力也相应较弱。

而资产净利率 1.68%、成本费用净利率 8.87% 和销售净利率 8.85%，也说明公司的盈利能力不强，佐证了利用资产获取收益的能力较弱的结论。

需要注意的是，在计算各个周转率时，由于涉及某些项目的平均余额，所以计算时一定要选准会计期间，否则计算结果就不准确，可能会使会计负责人和企业领导做出错误的判断和决策。

同理，也可以利用 Excel 的计算功能算出销售增长率、资产增长率和利润增长率等发展能力指标的值，具体需要借助资产负债表或利润表来实现，如图 7-32 所示。

图 7-32　计算发展能力指标的值

从计算结果可知，该公司的资产增长率为负，说明资产总额与上期相比在减少，结合资产负债表数据可判断该结论正确，公司的发展能力受限或者较弱。而销售增长率为 18.38%，为正向增长，说明当期销售收入与上期相比有所增加，经营业务正常，有一定的发展能力。

虽然利润总额增长率和净利润增长率均为负数，但从当期总额和上期总额来看，利润总额和净利润都呈增长状态，增长率为负的原因是上期的利润总额和净利润为负，作为分母进行计算，就使最终的增长率为负数。从这两个增长率的绝对值可以看出，利润总额和净利润的增长速度非常快，不仅从亏损状态扭转为盈利状态，而且盈利额较大，说明公司 2020 年第三季度的盈利能力迅速增强，发展能力在不断提高。

6. 利用图表工具清晰直观地看财务结构

Excel 中的图表工具可用来表现数据之间的某种相对关系，比如柱形图一般用来比较数据之间的多与少的关系；折线图一般表现数据之间的趋势关系；饼图则通常表现数据之间的比例分配关系。

很显然，要看企业的财务结构，运用饼图进行分析更合适。下面就利用饼图，结合资产负债表，分析企业的财务结构。

案例实操 使用饼图分析企业的财务结构

打开数据源工作簿，如这里的"饼图分析财务结构"工作簿，在资产负债表右侧新建一个辅助表格，列示资产、负债和所有者权益的总额数据，并计算出负债和所有者权益占资产的比重，然后选择"项目""占比""负债""所有者权益"以及对应的占比数据单元格，单击"插入"选项卡，在"图表"组中单击"插入饼图或圆环图"下拉按钮，在弹出的下拉菜单中选择"圆环图"样式选项，如图 7-33 所示。

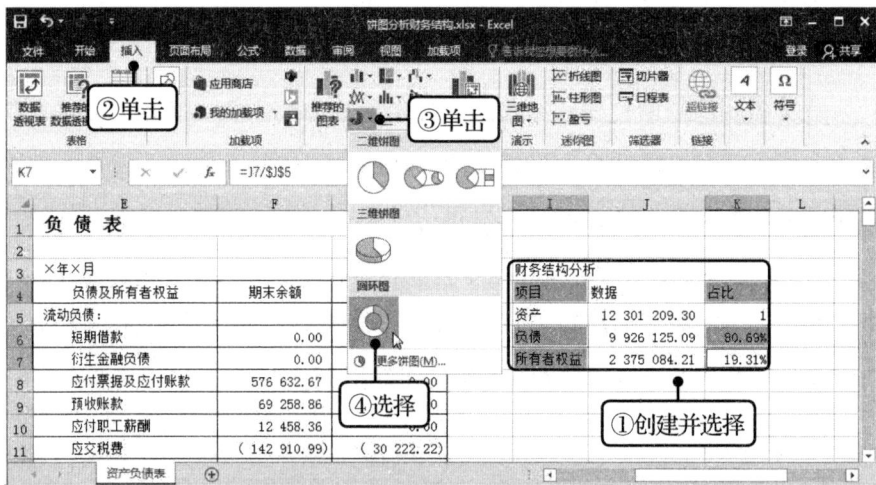

图 7-33 创建辅助表格并选择"饼图"类型

此时可以看到在工作表中创建了一个圆环图，单击右侧的"图表元素"按钮，在弹出的菜单中选中"数据标签"复选框，单击右侧的展开按钮，选择"数据标注"选项，就能为圆环图添加数据标注，如图 7-34 所示。

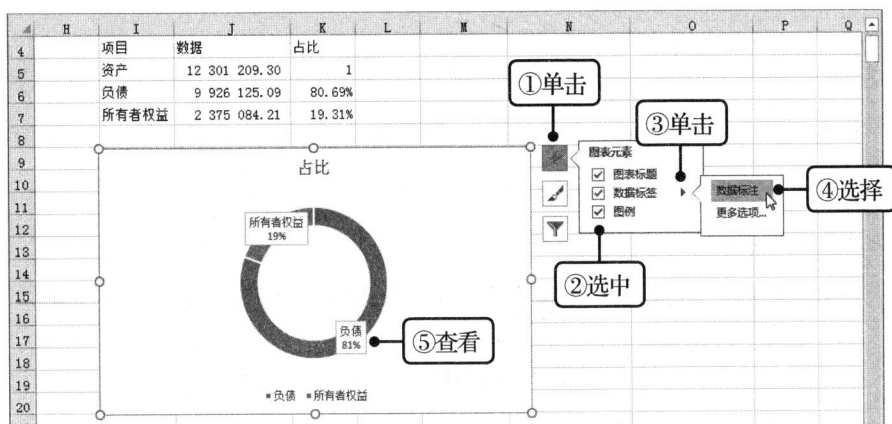

图 7-34　为创建的圆环图添加数据标注

在圆环图中间空白位置添加一个文本框，输入"资产"文本，如图 7-35（左）所示。对数据标注和图表标题等进行设置，使其能更直观地表达资产、负债和所有者权益之间的占比关系即可，如图 7-35（右）所示。

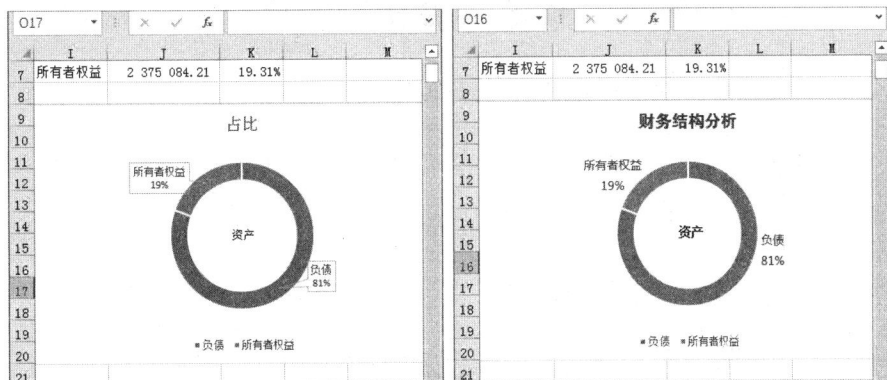

图 7-35　完善图表

从圆环图的结构来看，该公司的负债占总资产约 81%，所有者权益占总资产约 19%。

实务中，还可以利用柱状图体现企业财务结构。以同一家公司的数据为例，介绍柱状图在财务结构方面的用法。

使用柱状图分析企业的财务结构

在"饼图分析财务结构"工作簿中，另外新建一个辅助表格，选择整个表格的数据，在"插入"选项卡的"图表"组中单击"插入柱形图或条形图"下拉按钮，在弹出的下拉菜单中选择二维柱形图选项，创建一个二维柱形图，如图 7-36 所示。

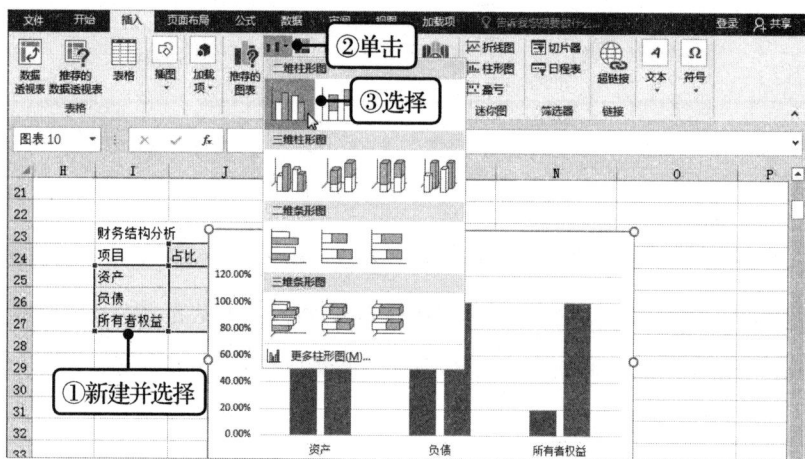

图 7-36　选择财务数据并创建二维柱形图

将图表区移动到合适的位置，选择其中一个柱状图并双击，打开右侧"设置数据点格式"窗格，如图 7-37 所示。

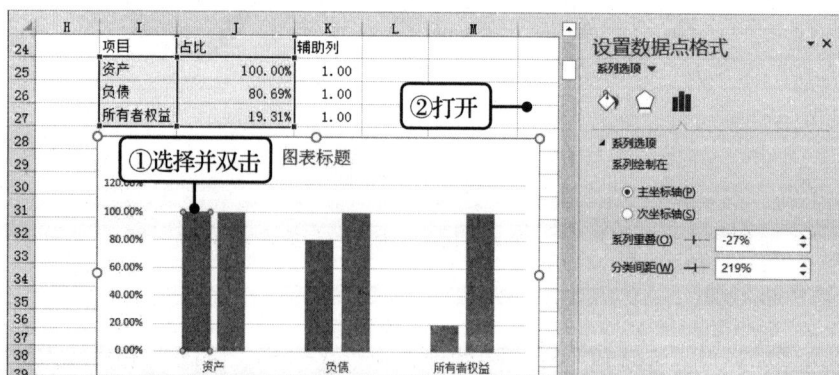

图 7-37　打开"设置数据点格式"对话框

在"设置数据系列格式"窗格中的"系列选项"下设置"系列重叠"的值为"100%",此时可以看到三组柱状图变成了三条柱状图,然后单击"图表工具格式"选项卡的"当前所选内容"组中的下拉按钮,在弹出的下拉菜单中选择"系列'辅助列'"选项,如图 7-38 所示。

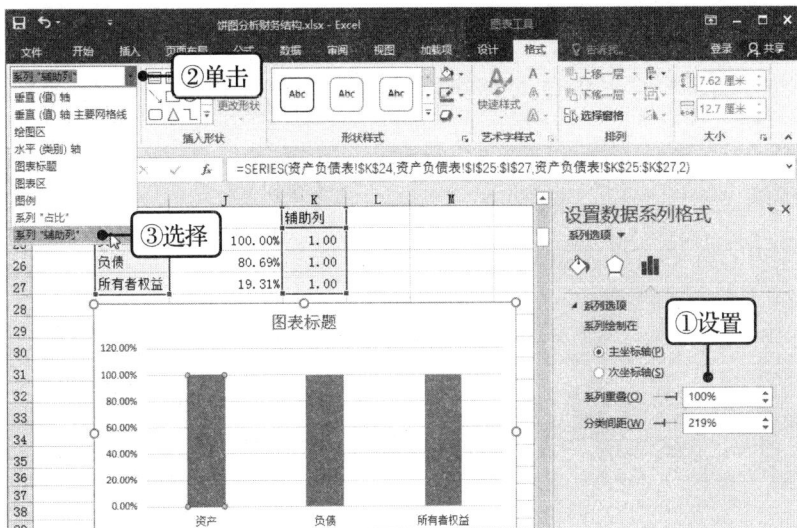

图 7-38　更改柱状图的形状

在"设置数据系列格式"窗格中单击"填充与线条"按钮,在"填充"组中选中"无填充"单选按钮,取消辅助列的柱状图填充色,如图 7-39 所示。

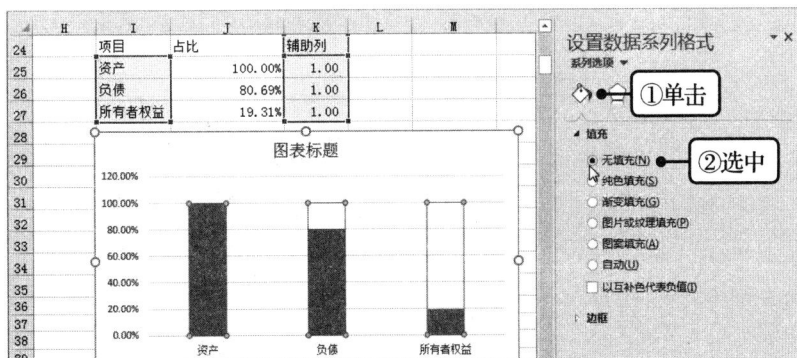

图 7-39　取消辅助列的填充色

关闭"设置数据系列格式"窗格，按照同样的方法选择"占比"系列的柱状图，单击图表区右侧的"图表元素"按钮，选中"数据标签"复选框，接着单击右侧展开按钮，选择"居中"选项，为该系列柱状图添加数据标签并调整标签位置，如图7-40所示。

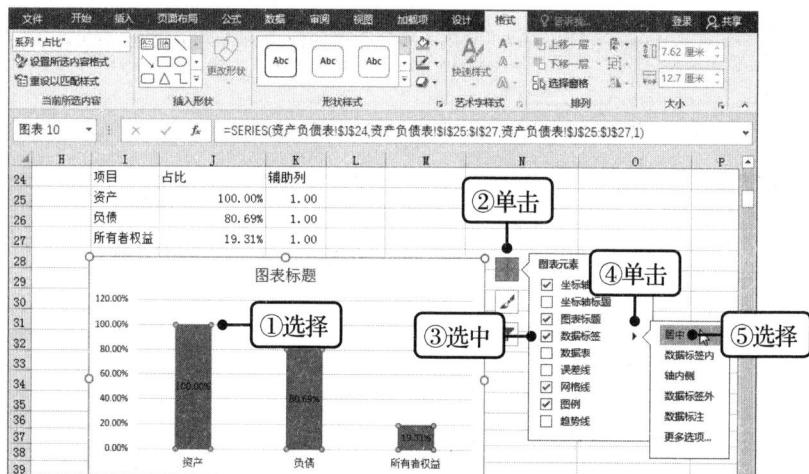

图7-40 为"占比"系列柱状图添加数据标签并调整位置

调整数据标签的颜色，输入图表标题，删除图表下方的图列项，给"辅助列"系列柱状图添加边框，调整图表的形状和字体，经过一系列设置后完成图表创建，如图7-41所示。

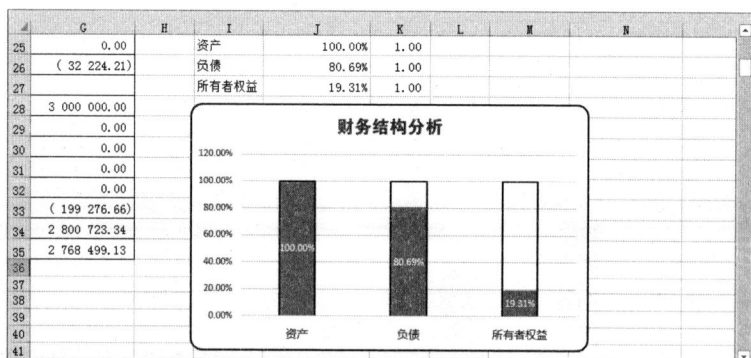

图7-41 完善柱状图

这样也能看出负债和所有者权益相对于资产来说，占资产的比重。由于该公司负债总额占资产总额的 80.69%，说明公司的资产负债率高达 80.69%，远远超过了适宜范围 50% 左右，说明公司可能面临较大的偿债压力，举债经营的力度过大，一旦企业资金链断裂，很可能面临资不抵债的困境。

如果财务人员在工作中遇到数据量非常庞大，可以使用透视工具，更灵活地对财务数据进行统计和分析。透视工具主要包括数据透视表和数据透视图。

数据透视表是一种可以快速汇总大量数据并建立交叉列表的交互式表格，因其可以按照不同的目的分析数据，同时动态地改变表格的版面，所以称为数据透视表。数据透视图是在创建数据透视表的基础上，将数据透视表中的数据以图表方式进行展示而得到的图表。对于这两种数据分析工具，这里不再详述，财务人员可在业余时间自行学习。

7. 利用 Excel 快速计算固定资产各期的折旧额

财务管理工作中，企业固定资产的折旧方法主要有 4 种：直线法（即年限平均法）、工作量法、双倍余额递减法和年数总和法。其中，双倍余额递减法和年数总和法为加速折旧法。下面以直线法和年数总和法为例，介绍利用 Excel 快速计算固定资产各期折旧额的操作。

（1）在 Excel 中用直线法计算固定资产各期的折旧额

直线法指将固定资产按预计使用年限，平均计算折旧并均衡地将折旧额分摊到各期的一种方法，其特点是每期折旧额都相等。涉及的计算公式如下所示。

固定资产年折旧率 ＝（1－预计净残值率）÷ 预计使用寿命（年）

固定资产年折旧额 ＝（固定资产原值－预计净残值）÷ 预计使用寿命（年）

固定资产月折旧率 ＝ 年折旧率 ÷12

固定资产月折旧额 ＝ 固定资产原值 × 月折旧率

案例实操 在 Excel 中用直线法计算固定资产各期折旧额

先新建工作表，在其中输入需要利用直线法计提折旧额的固定资产的基本信息，同时储存年折旧额数据的表格，如图 7-42 所示。

图 7-42　输入固定资产的基本信息并编制表格

选择单位折旧额右侧的单元格（这里为 E6 单元格），在编辑栏中输入"=SLN(B3,B5,B4)"公式，按【Ctrl+Enter】组合键计算外购厂房的单位折旧额，如图 7-43 所示。

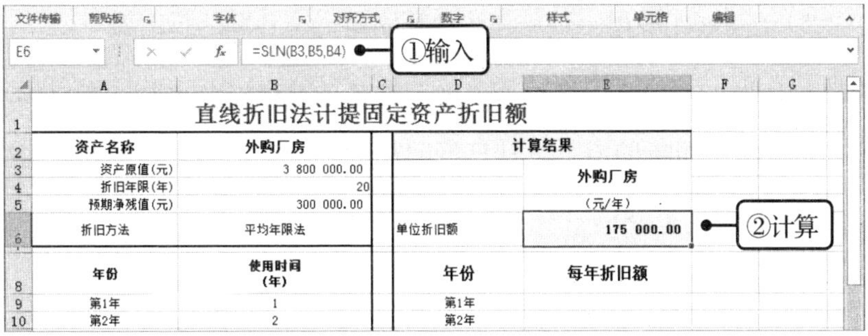

图 7-43   计算年折旧额

在"计算结果"表格中选择第1年~第20年的每年折旧额单元格区域(如这里为 E9:E28 单元格区域), 在编辑栏中输入 "=E6" 公式, 按【Ctrl+Shift+ Enter】组合键即可计算出外购厂房每年的折旧额, 如图 7-44 所示。

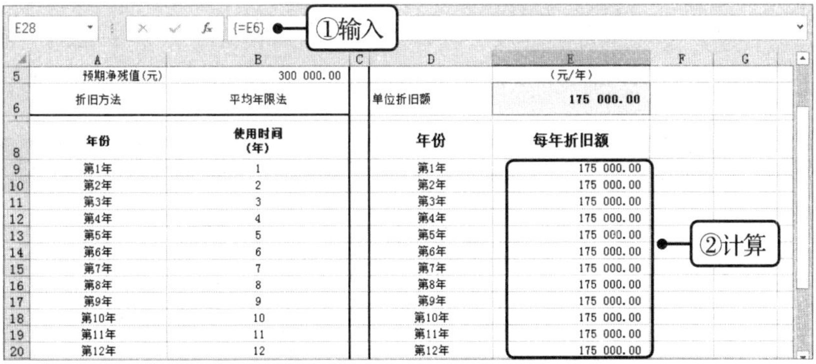

图 7-44   计算外购厂房每年的折旧额

拓展贴士   *关于SLN()函数*

SLN()函数用于返回某项资产在一个期间内的线性折旧值, 其语法结构为: SLN(cost,salvage,life), 各个参数的意义如下所示。

cost 表示固定资产的原值; salvage 表示固定资产在折旧期末的价值, 即固定资产净残值; life 表示固定资产的折旧期限, 即使用寿命(或年限)。

该函数中, 所有参数必须为正值, 否则函数返回值为 #NUM。

（2）在 Excel 中用年数总和法计算固定资产各期的折旧额

年数总和法指用固定资产原值减去预计净残值后的净额，乘以一个逐年抵减的分数（即折旧率），计算折旧额的一种折旧方法。特点是每年的折旧额逐年递减，涉及的计算公式如下：

年折旧率 = 固定资产尚可使用年数 ÷ 年数总和 ×100%

年折旧额 =（固定资产原值 − 预计净残值）× 年折旧率

月折旧率 = 年折旧率 ÷12

月折旧额 =（固定资产原值 − 预计净残值）× 月折旧率 = 年折旧额 ÷12

案例实操 在 Excel 中用年数综合法计算固定资产各期折旧额

先新建工作表，用于存放需要计算折旧额的固定资产基本信息，同时制作计算结果表，如图 7-45 所示。

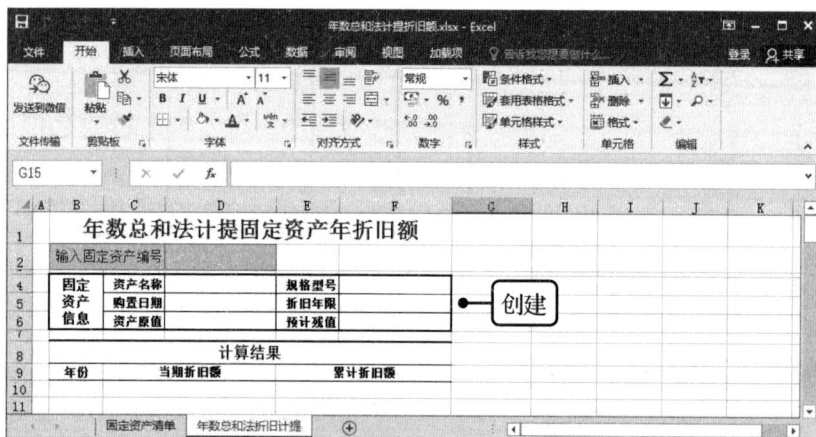

图 7-45　制作表格存放固定资产基本信息和计算结果

在基本信息表格中的各个单元格中输入对应的计算公式，方便从固定资产清单中快速提取固定资产的基本信息，如这里输入固定资产编号"SC2020003"，提取出该固定资产的基本信息。选择计算结果表中的"年

份"列单元格区域（如这里的 B10:B19 单元格区域），在编辑栏中输入"=IF
(F5="","",IF(ROW()-9>F5,"",ROW()-9))"公式，按【Ctrl+Shift+Enter】
组合键获取固定资产的折旧年限自动生成的对应编号，如图 7-46 所示。

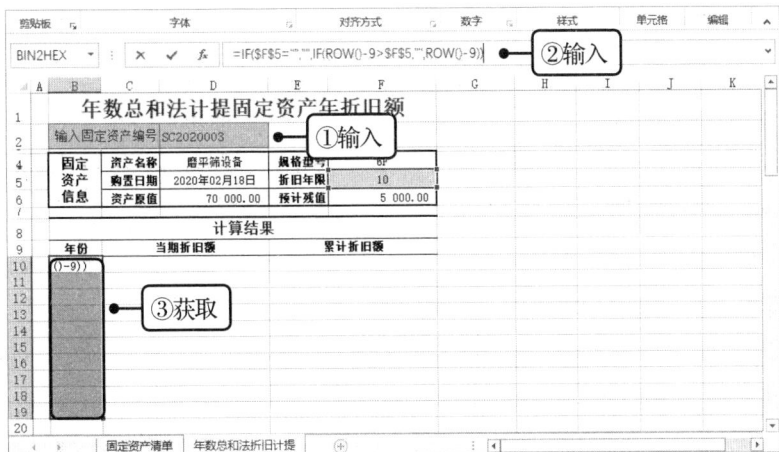

图 7-46 获取固定资产使用年份

选择"当期折旧额"列单元格区域（如这里的 C10:C19 单元格中区
域），在编辑栏中输入"=IF(B10="","",SYD(D6,F6,F5,B10))"公式，
按【Ctrl+Enter】组合键计算各年度当期折旧额，如图 7-47 所示。

图 7-47 计算固定资产每年的折旧额

选中"累计折旧额"列第一个单元格（如这里的 E10 单元格），在编辑栏中输入"=IF(B10="","",C10)"公式，按【Ctrl+Enter】组合键引用第1年的固定资产折旧额，如图 7-48（左）所示。选中 E11:E19 单元格区域，在编辑栏中输入"=IF(B11="","",E10+C11)"公式，如图 7-48（右）所示。

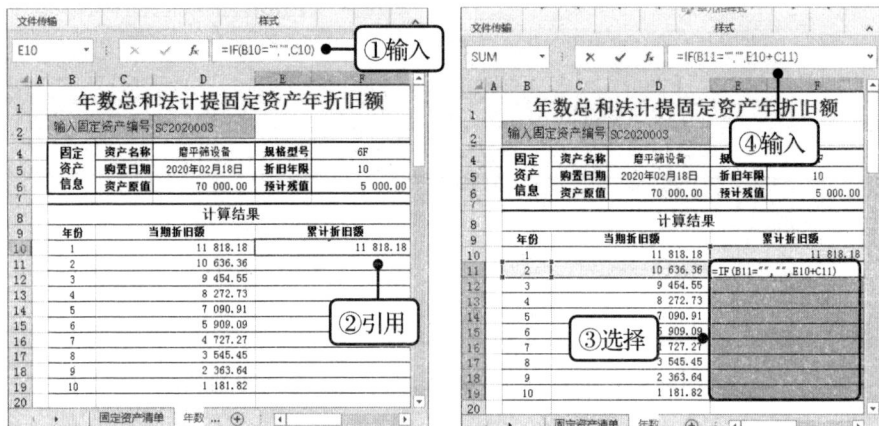

图 7-48　计算每年末累计折旧额

按【Ctrl+Enter】组合键计算出第 2 年～第 10 年的每年固定资产累计折旧额，最终效果如图 7-49 所示。

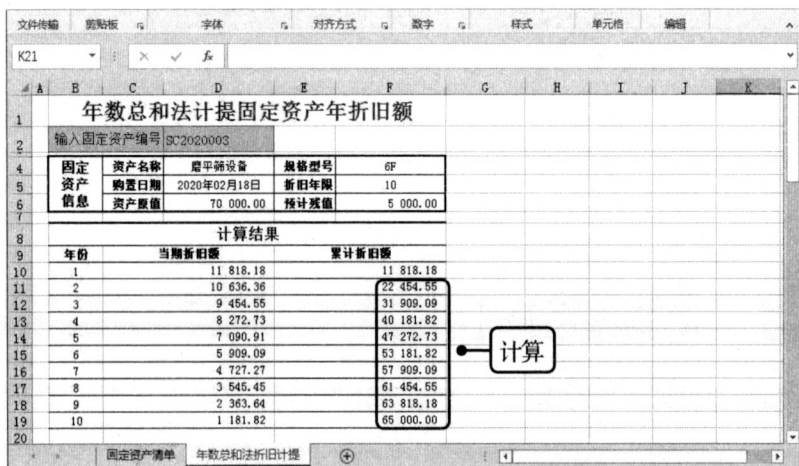

图 7-49　年数总和法计提固定资产折旧的最终效果

> **拓展贴士** *关于 IF() 函数和 SYD() 函数*
>
> IF() 用于对数值和公式进行条件检测，根据指定的条件来判断"真（ TRUE ）"或"假（ FALSE ）"，再根据逻辑计算的真假值，返回相应的内容。该函数具体的语法结构为：IF(logical_test,value_if_true,value_if_false)。在该语法结构中的 3 个参数的具体作用如下：
>
> logical_test 表示计算结果为 TRUE 或 FALSE 的任意值或表达式；value_if_true 表示计算结果为 TRUE 时应返回的值；value_if_false 表示计算结果为 FALSE 时应返回的值。
>
> SYD() 函数用于返回某项资产按年数总和法计算的指定期间的折旧值，该函数具体的语法结构为：SYD(cost,salvage,life,per)。该语法结构中的 4 个参数的具体作用如下：
>
> cost 用于指定资产原值，即资产的购买成本；salvage 用于指定资产净残值，参数值可以为 0；life 用于指定资产的折旧期数，也就是折旧年限或使用寿命；per 表示期间，即固定资产的使用处于第几年。

8. 设置错误警示，及时发现错误的会计数据

对财务人员来说，工作内容的一大特点就是接触的数据繁多。数据多就可能出错，为了提高工作效率，财务人员在工作中可以对一些表格、表单设置数据验证，进行错误警示，这样就可以及时发现错误的会计数据，以便立即改正。

下面以对利润表中的相关数据设置错误警示为例，介绍具体的操作步骤，以便财务人员学习使用。

案例实操 给利润表中的数据设置错误警示以便及时发现错误

打开利润表，选择需要设置错误警示的单元格，如"资产减值损失"行的"本期发生额"和"本年累计发生额"两个单元格，单击"数据"选项卡，在"数据工具"组中单击"数据验证"下拉按钮，在弹出的下拉菜单中选择"数据验证"选项，如图7-50所示。

图7-50　选择"数据验证"选项

在打开的"数据验证"对话框中单击"允许"下拉列表框右侧的下拉按钮，选择"小数"选项，如图7-51（左）所示。将"数据"设置为"小于"，在"最大值"输入框中输入"0"，单击"确定"按钮，如图7-51（右）所示。

图7-51　设置数据验证条件

注意，这里设置的验证条件是正确的数据要求。然后在该对话框中单击"出错警告"选项卡，设置输入无效数据时显示的出错警告，如标题为"出错"，错误信息为"数据不能为正数。"，单击"确定"按钮，如图7-52（左）所示。返回工作表，在设置了数据验证的单元格中随意输入一个正数，按【Enter】键，就会打开出错警告对话框，并提示"数据不能为正数。"，如图7-52（右）所示。

图7-52 设置错误警告内容

财务人员在手动填制利润表时，一旦输入与数据验证条件不相符的数据，系统就会立即弹出错警告对话框，提示财务人员数据有误，这样财务人员就能在第一时间发现问题。

会计实务中，这种出错警告设置不仅能提高财务数据处理的正确性，还能节省查账时间。

9. 熟记 Excel 中的快捷键以提高键入速度

财务人员在利用 Excel 辅助财务工作办公时，还有一个有效提高工作效率的方法便是掌握常用快捷键的用法，因为使用快捷键能极大地缩短输入时间。常用的快捷键见表7-3。

表 7-3 Excel 办公常用快捷键

序号	快捷键	作　用
1	Ctrl+W	关闭文档或工作簿
2	Ctrl+O	打开文档或工作簿
3	Ctrl+I	倾斜
4	Ctrl+P	打印文档
5	Ctrl+H	打开"查找和替换"对话框
6	Ctrl+K	插入超链接
7	Ctrl+B	字体加粗
8	Ctrl+F1	展开或折叠功能区
9	Ctrl+F10	将文档或工作簿的窗口最大化
10	F12	显示"另存为"对话框
11	Alt+Shift+F1	插入新的工作表
12	Ctrl+End	移动使用单元格区域的最后一个单元格
13	Ctrl+Home	移动到工作表的开头
14	Ctrl+1	打开"设置单元格格式"对话框
15	Ctrl+9	隐藏选定的行
16	Ctrl+0	隐藏选定的列
17	Alt+Enter	在同一个单元格中强制换行
18	Alt+ 等号（＝）	用 SUM() 函数插入"自动求和"公式
19	Alt+F1	在当前范围内创建数据的嵌入图表
20	Shift+F2	添加或编辑单元格批注
21	Shift+F3	插入函数
22	Ctrl+D	使用"向下填充"命令将选定范围内最顶层单元格的内容和格式复制到下面的单元格中
23	Ctrl+Alt+V	打开"选择性粘贴"对话框

续表

序号	快捷键	作　用
24	Ctrl+Shift+ 美元符号（$）	应用带有两位小数的"货币"格式
25	Ctrl+Shift+ 百分号（%）	应用不带小数位的"百分比"格式
26	Ctrl+Shift+ 加号（＋）	打开用于插入空白单元格的"插入"对话框
27	Ctrl+Shift+ 冒号（：）	输入当前时间
28	Ctrl+ 减号（－）	打开用于删除选定单元格的"删除"对话框
29	Ctrl+ 分号（；）	输入当前日期
30	Ctrl+ 重音符（`）	在工作表中，在显示单元格值或公式之间切换
31	F5	显示"定位"对话框

　　注意，表 7-3 中第 1 ~ 12 个快捷键不仅适用于 Excel，还适用于 Word。而第 13 ~ 31 这 19 个快捷键只适用于 Excel，财务人员使用时一定要注意。

第8章

掌上应用让你随手记随手查

　　随着社会的发展和科技的进步，工作与生活的便利性日益提高，同时对人们提高生活质量和工作效率也有了更高的要求，财务工作也不例外。财务工作从业者为了提高工作效率和质量，常常需要使用一些掌上应用 App 方便随手记账、随时查账。本章就来了解一些常见的财务类实用 App。

1. 要想待办事项不被遗忘，找"番茄 ToDo"

"番茄 ToDo"是一款时间管理 App，其核心思想是番茄工作法，这是一种简单易行的时间管理方法。即选择一个待完成的任务，将番茄时间设为 25 分钟，专注工作，中途不允许做任何与该任务无关的事情，直到番茄时钟响起，然后短暂休息（一般为 5 分钟），再开始下一个番茄时间，每四个番茄时段可以多休息一会儿。图 8-1 是"番茄 ToDo"的主界面。

图 8-1　"番茄 ToDo"App 的主界面

"番茄 ToDo"的主要功能是"待办"。待办指我们即将要做的事项，如填制记账凭证、登记会计账簿和编制财务报表等；待办集则是待办的集合，可当作分类来用，如"凭证处理"待办集，其中可以包含"原始凭证"
"记账凭证"和"汇总记账凭证"等多项子待办事项。

（1）添加、编辑和删除待办事项

当财务人员担心自己忘记当天需要做的事情时，可以利用"番茄
ToDo"App 记录待办事项。如果工作事项完成了，需要将相关记录删除，
以免使自己重复做同一项工作；如果工作过程中某一工作事项发生了变动，
还可对待办事项进行编辑修改。

案例实操 使用"番茄 ToDo"记录、删除和修改待办事项

下载安装"番茄 ToDo"App，点击 App 图标，进入 App 主界面，点
击界面右上角的"+"按钮，如图 8-2（左）所示。在打开的"添加待办"
对话框中输入待办事项的名称，默认标准计时，点击"√"按钮即可保存
待办事项，如图 8-2（右）所示。

图 8-2　添加待办事项

返回主界面就可查看到新添加的待办事项，点击"开始"按钮开始计时，打开"番茄钟铃声震动设置"对话框可以自定义设置计时结束后的提示音和震动效果，这里默认打开提示音和震动，同时可以听到秒表的声音，点击对话框右上角的"×"按钮即可关闭对话框，进而可以看到界面上显示的倒计时，如图8-3所示。

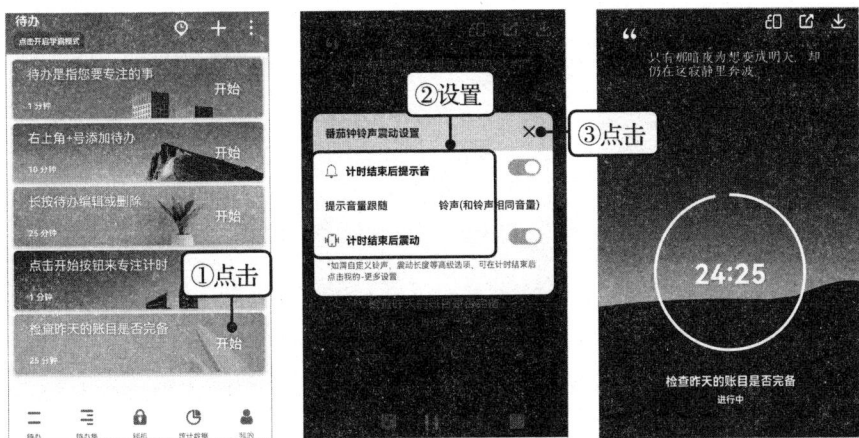

图8-3　开始计时

如果该待办事项提前完成，可以提前结束计时。点击倒计时界面右下角的灰色正方形按钮，在打开的"请选择您的操作"对话框中选择"提前完成计时"选项，如图8-4（左）所示。此时程序会直接进入休息时间段的计时，如图8-4（右）所示。

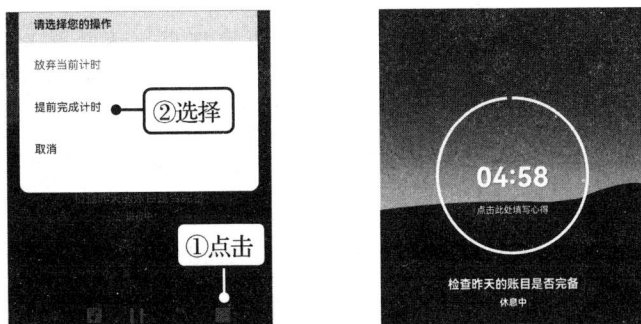

图8-4　提前完成待办事项的操作

如果不想休息，可再次点击当前界面右下角的灰色正方形按钮，在打开的对话框中选择"跳过当前休息计时"选项，如图8-5（左）所示，即可完成一个番茄时钟的计时过程，如图8-5（中）所示，随即返回"番茄ToDo"主界面，看到待办事项已经被划掉，且显示"今日已专注1次"字样，如图8-5（右）所示。

图8-5　直接跳过休息时间结束计时

注意，还有一种比较简便的提前完成待办事项的操作，即在第一次点击白色正方形操作打开对话框时，选择"放弃当前计时"选项，同时填写放弃计时的原因，再点击"确定放弃"按钮即可。

但是，这种方法只能放弃计时，回到主界面后会发现相应的待办事项并没有划掉，也就是说系统没有认定该待办事项已经被完成。此时需要手动删除该待办事项的记录。

点击需要删除记录的待办事项名称（注意不要点击"开始"按钮处，否则会开始计时），如图8-6（左）所示，在打开的对话框中点击"删除"按钮（长按待办事项也可打开该对话框），如图8-6（中）所示，在打开的提示对话框中点击"确定"按钮，如图8-6（右）所示，即可删除待办事项的记录。

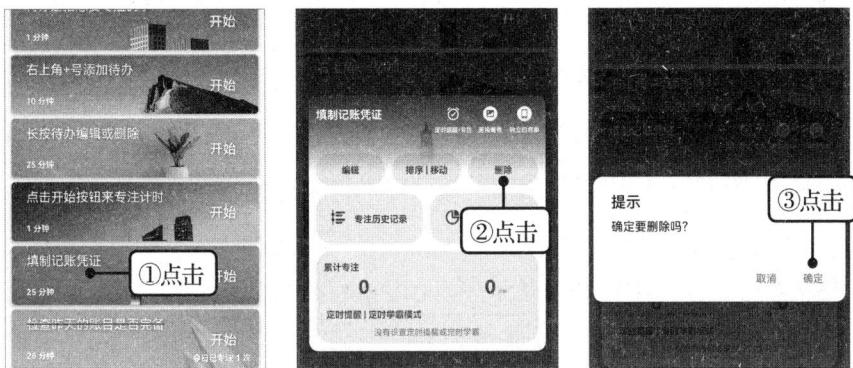

图 8-6 删除待办事项的记录

当然，已经完成并划掉的待办事项也可以删除记录。关于待办事项的记录，这里还有一点需要注意，如果当天记录的待办事项结束计时并划掉后却没有进行删除，次日系统会自动将其再次作为当天的待办事项，显示在待办界面中。所以，对于不需要每天重复做的财务工作，最好在完成计时后将记录删除。

如果需要更改某个待办事项的计时方式，就需要对待办事项的记录进行编辑。在点击待办事项记录后，在打开的对话框中点击"编辑"按钮，如图 8-7（左）所示。在打开的"编辑待办"对话框中选择恰当的计时方式，点击右上角的"√"按钮，即可完成编辑，如图 8-7（中）所示，返回主界面即可查看到标注有"正向计时"字样的待办事项记录，如图 8-7（右）所示。

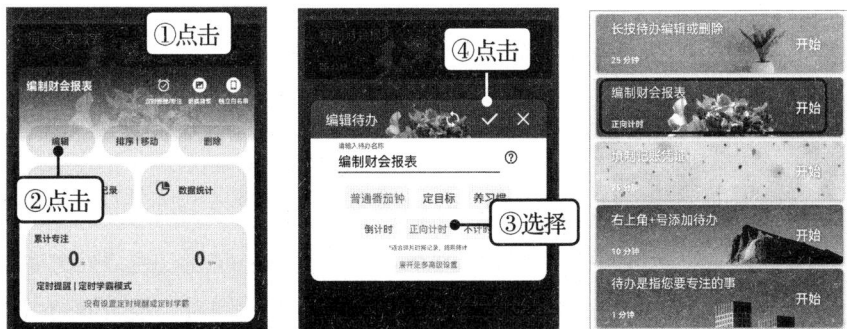

图 8-7 编辑待办事项的计时方式

　　财务人员使用"番茄ToDo"时除了可以记录、删除和编辑待办事项记录，还能对各条记录进行排序和移动，以此调节待办事项记录的显示顺序。直接点击任意待办事项的记录，在打开的对话框中点击"排序 | 移动"按钮，可选择上下位置排序或者将当前所选待办事项添加到待办集中。

拓展贴士　关于番茄钟的具体使用

　　番茄钟有三种用法：一是普通番茄钟；二是定目标；三是养习惯。其中普通番茄钟有三种计时方式：倒计时、正向计时和不计时。

　　①普通番茄钟的倒计时一般为25分钟，是标准番茄钟时间，其中的高级设置还可对所选待办事项进行任务备注、单次预期循环次数以及休息时间等进行设置。

　　②普通番茄钟的正向计时主要用来统计某项工作所需耗用的时间，一般适用于碎片时间的记录，体现的是随用随计、可随时停止，其中的高级设置可以对所选待办事项进行任务备注和休息时间等设置。

　　③普通番茄钟的不计时主要用来记录不需要计时就可以直接完成的待办事项，如日常填制记账凭证，其高级设置只能进行任务备注。

　　番茄钟的定目标主要是设置所选待办事项在某日期前一共完成多少小时的工作量，同时设置单个番茄钟的时间。

　　番茄钟的养习惯主要是设置某项待办事项的工作频率和工作量，比如每天、每周或每个月完成多少小时、多少分钟或多少次该项待办工作。

（2）创建并使用待办集

　　待办集的运用，可有效提高待办事项的管理效率，将同性质的待办工作归类到一起，使用起来更系统、方便。待办集创建好后，还可向其中添加一些同类的待办事项，做好待办事项的记录工作的同时，也做好待办事项的分类工作，切实提高工作效率。

案例实操 创建待办集归类管理待办事项

进入"番茄ToDo"主界面，点击界面下方的"待办集"按钮，然后点击右上角的"+"按钮，如图8-8（左）所示。在打开的对话框中输入待办集名称，选择名称的颜色，点击"√"按钮即可保存新建的待办集，如图8-8（右）所示。

图8-8　新建并保存待办集

此时财务人员可设置是否开启连续执行，开启连续执行后，待办集内的待办事项会一次执行。返回主界面，可点击新创建的待办集右侧的"+"按钮，在该待办集中添加具体的待办事项，如图8-9所示。

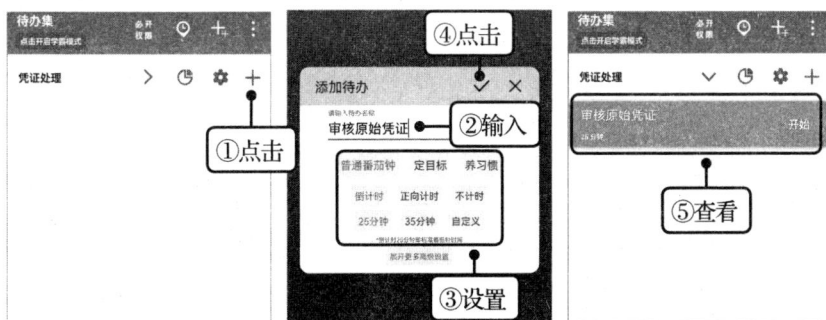

图8-9　向新建的待办集中加入待办事项

另外，财务人员还可将已经记录好的待办事项移动到待办集中。在主界面长按待办事项，如图8-10（左）所示。在打开的对话框中点击"排序 |

移动"按钮，在弹出的菜单中选择"移动到待办集"选项，如图 8-10（中）所示。选中目标待办集左侧的单选按钮，切换到"待办集"界面即可看到所选待办事项被移动到目标待办集中，如图 8-10（右）所示。

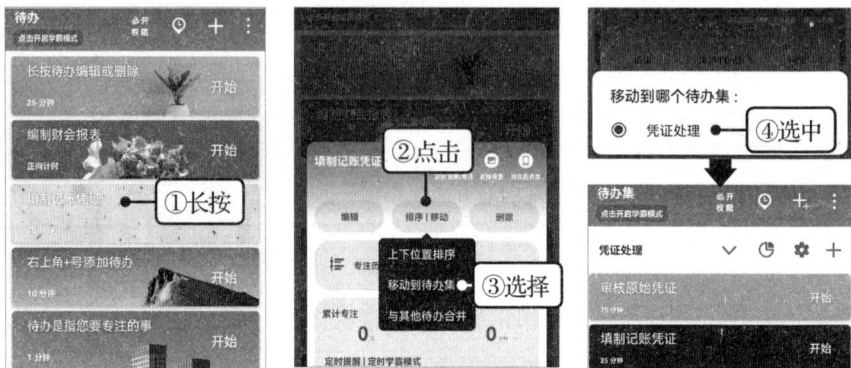

图 8-10　将已记录的待办事项移动到待办集中

"番茄 ToDo"不仅有记录待办事项的功能，还有一些功能和模式也非常实用，如学霸模式、锁机、未来计划日等，其简单介绍见表 8-1。

表 8-1　"番茄 ToDo"的其他功能和模式

功能 / 模式	简　介
学霸模式	这是一个强大的自我管理功能，在开启学霸模式且番茄钟开始计时后，会阻止手机打开其他 App，可以帮助用户更容易进入专注的状态。当然，用户可以设置应用白名单允许学习类 App 的开启，另外，还可以对学霸模式进行"提升强制性"的设置，增强模式效果
锁机	这是一个比学霸模式更具有强制性的防止玩手机的功能，在开始工作后，用户只需点击快速锁机，设定一个锁机时长，软件将会牢牢锁住手机，阻止用户玩手机，可以很好地提高工作效率
未来计划日	实际上是未来计划表功能，它是一个精致的倒数日系统，用户可将一些重要的日期和计划放在该计划表中，以供随时查看。未来计划表也可以添加到计时页面中，方便每次计时都能看到重要日期的倒计时

续表

功能／模式	简　介
数据的统计与分享	可以对各已完成的待办事项进行时间、频次和专注时长分布等方面的数据统计，另外还可以将自己的数据统计结果分享给同事，做到互相勉励，以良性竞争的方式提高工作效率
自习室	自习室是一个以促进用户专注为核心目标的功能，用户可以自己新建自习室，也可以加入别人的自习室，但加入别人的自习室之前必须确保已经退出了自己建立的自习室。自习室每天会进行专注时长排名，但为了真正起到促进用户专注的效果，自习室没有聊天和朋友圈功能
季度卡	季度卡是一项付费服务，开通季度卡后可以使用一些更高级、更个性化的功能，比如无限次的习惯和目标事项、无限次数的正计时待办、单个待办的定时提醒、无限个定时学霸模式和定时睡眠任务以及无限次查看单个待办事项的数据分析等

2. 了解财税新政，用"12366 纳税服务"

"12366 纳税服务"App 是国家税务总局以纳税人需求为导向，以 12366 热线为基础，以人工智能、大数据、移动互联等信息技术为支撑，运用"互联网+"思维，整合服务资源，拓展服务功能，完善服务渠道，打造"热线、网线、无线"三线互联互通的 12366 纳税服务平台，构建和谐税收征纳的"空中桥梁"。

注意，在使用"12366 纳税服务"App 之前，需要先进行账号的注册，这样才能顺利地使用其中的更多功能和服务。

（1）首页

进入"12366纳税服务"App首页，可看见上方展示多个栏目，包括推荐、关注、法规、指南、问答、视频和12366。进入应用默认展示首页的"推荐"页的内容，主要是"纳税人学堂"的展示，每天进入App，展示的内容可能不同，但选择相关内容并进入后，可观看相应视频，如图8-11所示。用户在观看视频的同时，还可以进行评论、点赞和转发等操作。

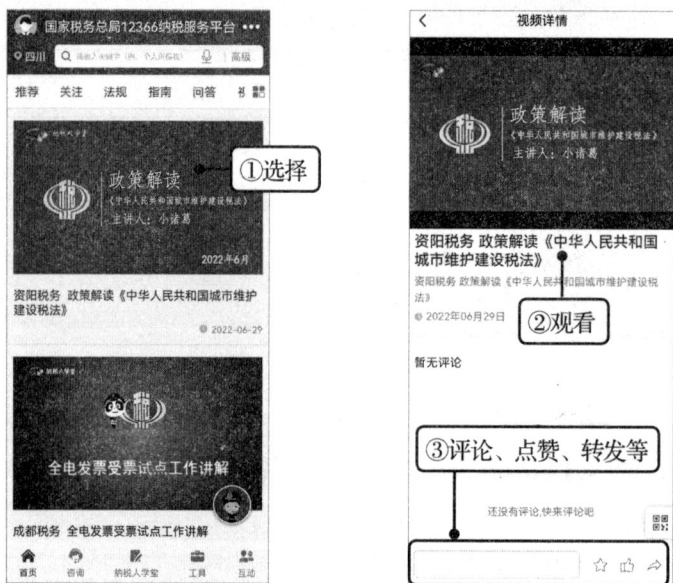

图8-11　"12366纳税服务"App首页推荐内容

而"关注"栏，需要事先定制服务，定制服务又需要进行实名认证，用户可根据自己的需要，选择是否进行实名认证；若不想进行实名认证，就无法使用该栏目提供的服务；如果进行实名认证，按照页面提示进行操作即可，完成后便可使用该栏目的相关功能。

单击"法规"栏目，进入"法规"栏目页面，通常按照时间先后顺序罗列由财政部、国家税务总局等主管部门单独或联合发布的公告、通知。

最新的公告、通知排列在前，时间越久远的公告、通知排列在越后面，用户可以下拉页面，选择自己关心的法规、政策，进入详情页面查看具体内容，如图 8-12 所示。

图 8-12   "12366 纳税服务" App 首页法规内容

单击"指南"栏目，进入"指南"栏目页面，这里主要罗列了与税务相关的办税事宜，下拉页面浏览。选择需要的内容，进入详情页，可查看税务事项的申请条件、设定依据、办理材料、办理机构、收费标准、办理流程和纳税人注意事项等，如图 8-13 所示。

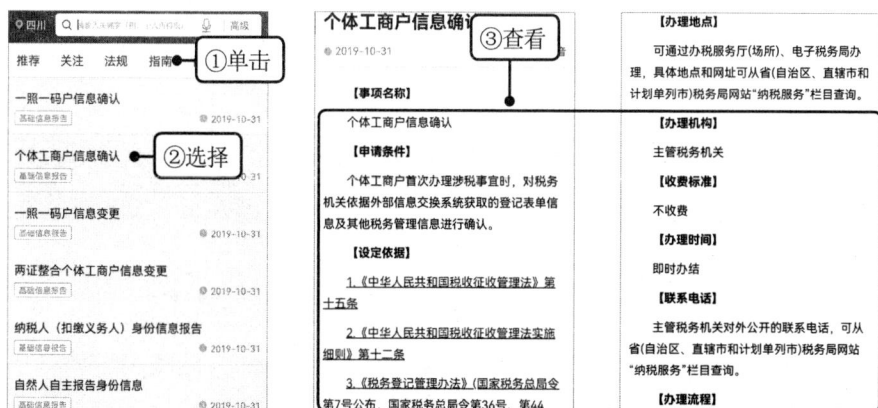

图 8-13   "12366 纳税服务" App 首页指南功能

单击"问答"栏目，进入"问答"栏目页面，可查看一些基础税务知识点的问题，选择问题，进入新页面，可查看该问题的答案，如图8-14所示。

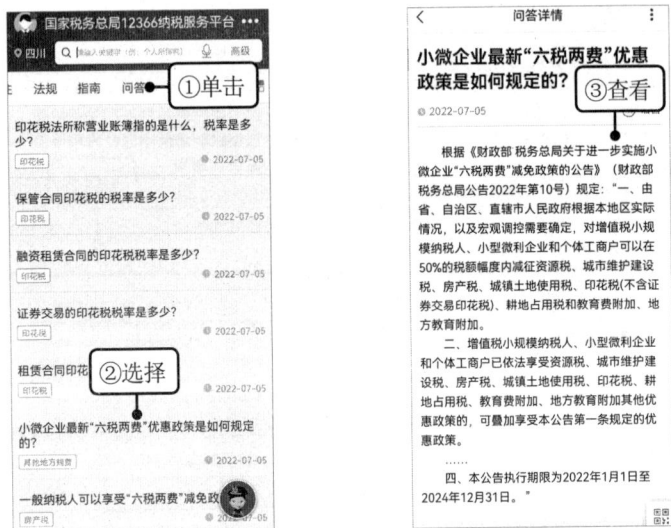

图8-14　"12366纳税服务"App首页问答功能

单击"视频"栏目，进入相应页面，这里罗列了很多视频内容，大多数是纳税人学堂的内容，与"推荐"页内容大致一致。

单击"12366"栏目，进入相应页面，这里是关于12366纳税服务平台、12366热线和12366网线等的介绍，如图8-15所示。

图8-15　"12366纳税服务"App首页12366的相关介绍

（2）"咨询"页

进入"12366 纳税服务"App 首页，点击下方的"咨询"按钮，在打开的窗口中选择相应的咨询方式，就可以进行税务内容的咨询。如图 8-16 所示，这里选择"智能咨询"选项，进入页面，输入咨询问题，点击"发送"按钮，系统会在问题下方给出相应答案，有链接内容的，还会提供相应链接，内容显示不完全的，还可点击"查看全部"按钮，查看更详细的答案。再点击相应的展开按钮，可以查看具体的政策内容。

图 8-16　选择"智能咨询"方式进行咨询

而如果选择"网上留言"咨询方式选项，进入页面后，可以查看到其他用户的留言情况，选择相关留言选项可进入详情页，查看该留言的答复机构、答复时间和答复内容。如果用户自己想要咨询问题，可直接点击页面右下角的"我要留言"按钮，填写好留言标题、问题内容、手机号码等信息，若有附件需要传送，需添加附件，完成后点击"提交"按钮，等待相关机构答复即可，如图 8-17 所示。

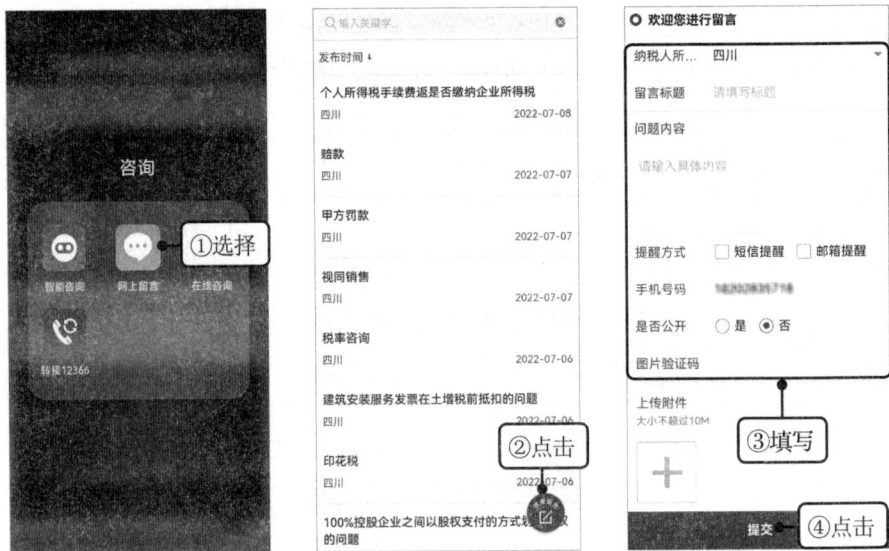

图 8-17　选择"网上留言"方式进行咨询

选择"在线咨询"方式后，其操作与选择"智能咨询"方式类似，这里不再单独介绍。

如果用户觉得智能咨询、网上留言和在线咨询方式获得的答案不清楚或未达到预期目的，可直接选择"转接 12366"选项。该方式下，用户可直接电话联系各省、市、自治区的当地税务局，进行直接咨询。如图 8-18 所示，进入"转接 12366"页面，可以看到多地税务局联系电话，点击其右侧的电话按钮，等待对方接通电话，即可直接进行问题咨询。

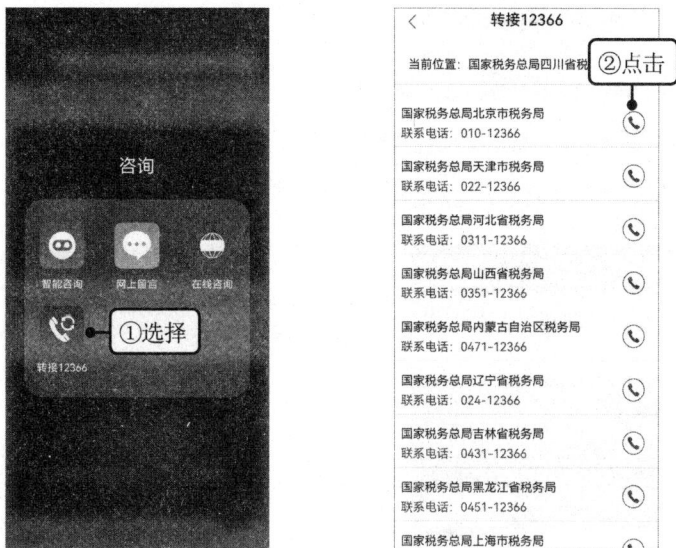

图 8-18　选择"转接 12366"方式进行直接咨询

（3）"纳税人学堂"页

在"12366 纳税服务"App 首页，点击下方的"纳税人学堂"按钮，在新页面选择纳税人所在地，如选择"北京"选项，系统会直接跳转到"国家税务总局北京市税务局"官网，并定位在"纳税人学堂"页面，如图 8-19所示。在页面中可查看一些培训视频和涉税行为指南。

图 8-19　通过"纳税人学堂"页进入各地税务局官网

（4）"工具"页

在"12366 纳税服务"App 首页，点击下方的"工具"按钮，可在打开的窗口中选择相关工具办理税务事宜，如预约办税、办税地图、办税日历、纳税人信息查询和涉税专题，这里选择"预约办税"选项，如图 8-20 所示。

图 8-20　"12366 纳税服务"App 的工具页

在打开的页面中选择纳税人所在地，如北京，系统会自动跳转页面到所选地区的电子税务局官网，并定位在办税页面，可进行"我要办税""我要查询"等操作，如图 8-21 所示。

图 8-21　选择"预约办税"选项进入当地税务局官网办税页面

选择"办税地图"选项，进入新页面，纳税人定位经营地址后，就可选择下方显示的附近办税服务地址，查看路线，或者进行电话联系，如图8-22所示。

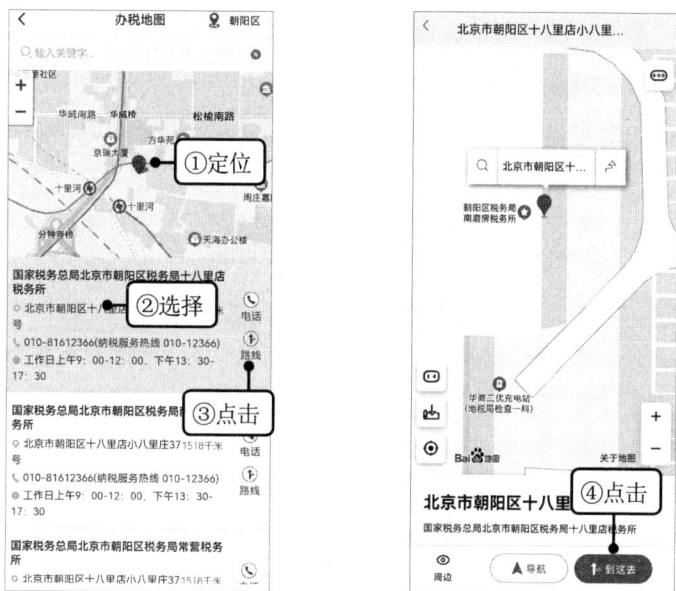

图8-22 选择"办税地图"选项快速找到就近办税地点

选择"办税日历"选项，进入办税日历页面，选择不同的日期，可查看当天可以办理的税务事项，如图8-23所示。

图8-23 选择"办税日历"选项查看某天可以办理的税务事项

选择"纳税人信息查询"选项，系统将自动跳转页面到所选地区的电子税务局官网，并定位在办税页面。这步操作结果与选择"预约办税"选项的相同。

选择"涉税专题"选项，可进入涉税专题页面，这里会列举一些税务专题，选择需要的或感兴趣的，进入新页面，可以看到一些相关政策、措施和网上办事服务系统的入口链接，按需选择即可，如图8-24所示。

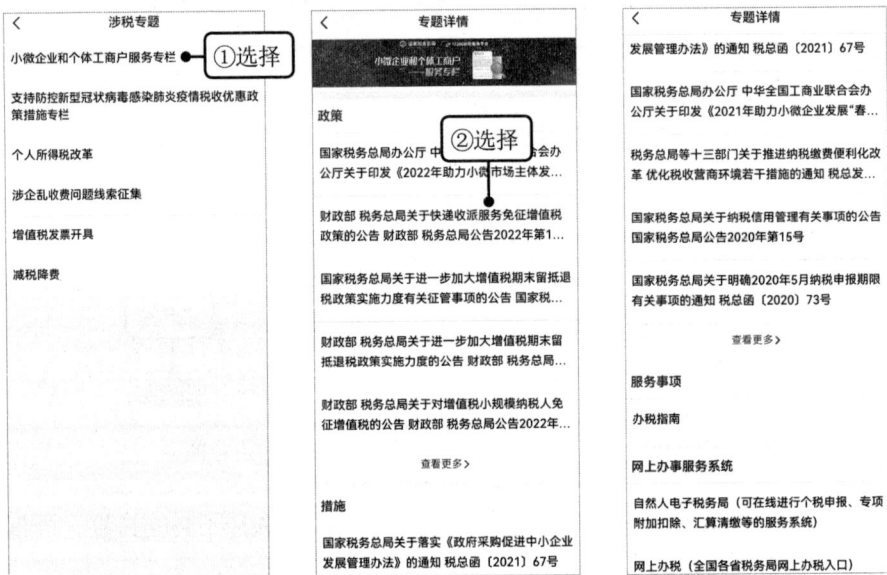

图8-24　选择"涉税专题"选项查看相关政策、措施

（5）"互动"页

在"12366纳税服务"App首页，点击"互动"按钮，用户可进行服务投诉、违法举报和文字访谈等操作。

除此以外，用户点击首页左上角的头像按钮，可进入"个人中心"页面，查看"我的定制""我的收藏"和"我的咨询"等内容，同时还能查看"网上留言"与"投诉"等历史信息，还能进行用户资料和密码的修改等操作。

需要注意的是，不同地方有各自的办税 App，在实际操作时会更符合当地的办税要求，纳税人可根据需要进行下载安装。

3. 财务人员的晋升小助手，当属"会计帮"

"会计帮"是一款会计学习 App，它向会计人员提供了会计初级职称考试和会计中级职称考试等考试资料，囊括了会计实操、会计题库、会计视频、名师答疑、考试时间和报考须知及流程等模块。

同时，会计人员在学习过程中遇到疑惑或者难题时可以在社区里向有经验的会计提问，得到解答。由此可见，"会计帮"是财务人员考试必备利器，也是晋升道路上的小助手。

财务人员下载并安装"会计帮"App 后，首次进入应用时会提示选择知识储备阶段，如会计初级职称、会计中级职称和会计高级职称等，根据实际情况进行选择即可。另外，要想使用更全面的功能或享受更优质的服务，需要注册账号，比如要在 App 上购买会计课程或者会计学习用书等，就必须要注册账号。

"会计帮"App 提供的服务和功能非常多，有电商、疑难解答、论坛、求职、电台和学习等，用户甚至还可以在应用中发帖、练题和记笔记等。下面就来简单介绍其中的一些服务和功能。

（1）直播公开课

"会计帮"App 为会计人员提供了"直播公开课"服务，预约成功后，就能在线观看直播，听老师讲课。

案例实操 预约观看直播公开课

下载并安装"会计帮"App，注册账号成功后登录，在首页找到"直播公开课"栏，点击右侧的展开按钮，进入"今日直播公开课"页面，在其中可以选择当日直播进行预约，点击所选直播公开课右侧的"预约提醒"按钮即可快速预约，如图8-25所示。

如果在首页中展示的直播公开课就是想要听的，直接点击"立即上课"按钮即可预约并观看直播课。

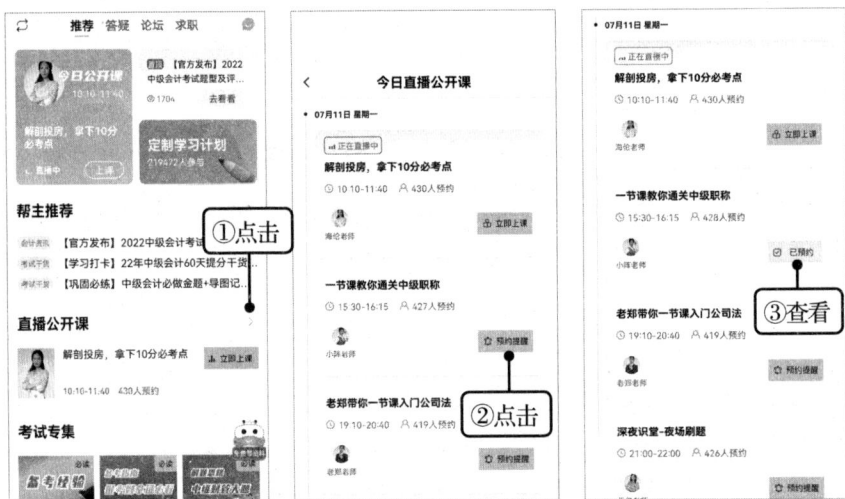

图8-25 预约直播公开课

（2）买习题集

如果需要练习真题，可在首页点击下方的"学习"按钮，在新页面中点击"商城"按钮，进入页面中就可选择需要的真题套装，再点击"立即购买"按钮，输入正确的收货地址完成付款即可，如图8-26所示。若想多购买一些套装，可在商城页面点击🛒按钮，加入购物车，最后一起结算付款。

图 8-26　抢购习题集

（3）免费阅读内容

在"会计帮"App 首页还有很多免费阅读内容，均与会计有关，比如考试专集、备考 ×× 以及一些零散的财税知识。这些零散的财税知识主要是系统推荐的答疑内容、考点详解等，直接选择阅读即可。

（4）答疑和论坛

在"答疑"页面，展示的都是使用"会计帮"App 的网友发出的帖子，可以对帖子内容进行点赞和评论。那么，如何发布帖子呢？

案例实操 在"会计帮"App 中发布帖子寻求帮助

当财务人员在工作中遇到难题时，可以在"会计帮"App 中发布帖子，以寻求广大网友的帮助。进入 App，点击页面下方的"+"按钮，如图 8-27（左）所示。在打开的页面中选择"发帖"选项，在新页面中输入所发帖子的标题和具体内容，点击"发布"按钮，如图 8-27（中）所示。在"选择分类"页面点击相应分类右侧的按钮进行分类，点击"完成"按钮，返回"答疑"页面即可看到刚刚发布的帖子，如图8-27（右）所示。

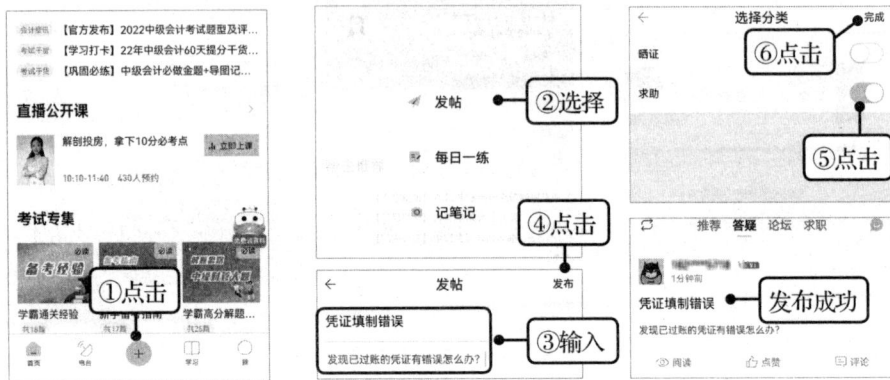

图 8-27　发帖求助网友

论坛的作用与答疑的作用相似，也是网友之间进行沟通、讨论和问答的地方。

（5）收听电台

如果财务人员觉得用眼阅读比较枯燥，无法专心学习，那么还可使用"会计帮"为用户提供的"电台"服务。在这里，不仅有大家都在听的热门内容，还有精选专辑和精品课程，用户能以收听方式进行学习，它囊括了财务工作的方方面面，如理论知识的讲解、职场生活的指南分享等。

收听电台的操作也非常简单，下面以收听精选专辑为例，介绍具体的操作流程。

案例实操 使用电台功能不用眼就能学习财务知识

进入"会计帮"App，点击页面下方的"电台"按钮，在"精选专辑"栏中选择感兴趣的专辑选项，在专辑页面选择具体需要收听的内容，即可开始收听，如图8-28所示。

图 8-28　收听电台学习知识

（6）学习

　　"会计帮" App 的"学习"版块涵盖了直播课、题库、视频课、商城、笔记、课程和模考等服务。会计人员可以根据需要进行选择使用。同时，该页面中还提供了练题的快速入口，点击"开始练习"按钮，即可开始做题，比如这里的中级必练题，确认题目回答完后点击"交卷"按钮，即可完成一次练习，如图 8-29 所示。

图 8-29　练题的快速入口

（7）求职

在"会计帮"App 的求职服务中，包括了就业推荐、十大内推和兼职教师等精品服务，财务人员可以在该 App 上寻找财务类的工作，简单、方便。

就业推荐。就业推荐就是向系统发送自己的简历，以便让 HR 看到自己的简历，主要作用是给自己增加求职机会。在该服务中，用户必须完善自己的求职信息，包括姓名、性别、出生年月、所在地区、联系手机和邮箱等基本信息，以及求职意向、教育经历、工作经历、培训经历、资格证书和个人介绍等内容。填写好后点击"发送简历"按钮即可。

十大内推。十大内推是指十大会计师事务所内推通道，如果你有认识的人在这十大会计师事务所工作，就可以在该页面中输入自己的姓名和手机号，点击"报名参加"按钮，即可通过内推通道快速进入这十大会计师事务所的招聘流程中。

兼职教师。该服务主要针对的是想要在"会计帮"应用中兼职教师的人群，在"会计帮"上作为教师进行讲课或者解答网友的疑难问题。同理，在该页面中填写自己的姓名和手机号，点击"报名参加"按钮，即可应聘"会计帮"应用的兼职教师。

除了这些以外，财务人员还可在"求职"页面自主选择其他职位应聘。

案例实操 在"会计帮"上找会计工作

进入"会计帮"App，在首页选择页面上方的"求职"选项卡，在"求职"页面中选择感兴趣的岗位招聘信息，进入职位详情页面，确认岗位职责和任职要求，点击"投递简历"按钮即可，如图 8-30 所示。

图 8-30　投递简历找工作

由此可见，"会计帮"App 的功能和服务非常丰富，确实可以作为财务人员在本职工作中的晋升小助手。

4. 来"会计学堂"，让你体验真正的真账实操

"会计学堂"App 是一款集会计视频学习、题库练习、讲义阅读、难点答疑和直播公开课五位一体的会计学习 App，提供了考题库系统。不仅有老会计教如何做账，还有资深会计在线解答财务方面的疑难问题，更有海量的真账实操直播学习在线课堂。

"会计学堂"的特色有五点。

● 10 多种实操模块，覆盖 120+ 行业的真账实操。

● 每日名师在线直播，互动教学，交流、沟通和学习更高效。

● 零基础到高端财务的海量课程实时更新，为会计人保驾护航。

● 老会计在线以实操经验权威，实时、极速答疑解惑。

● 因材施教，专业规划师定制专属的个性化学习方案。

在登录"会计学堂"App时，系统会提示选择学习意向，根据自己的学习需求进行选择即可，主要有职称考试、基础实务、岗位实操、行业实操、软件以及高端财务等。

其中，岗位实操包括出纳、会计助理、财务会计、税务专员、审计专员、财务主管、财务经理和财务总监等学习意向。行业实操包括商贸行业、工业制造、建筑行业、房地产、服务业、咨询服务、餐饮酒店及进出口等学习意向。选择的学习意向不同，应用中推荐的学习内容就可能不同。

"会计学堂"App专门设置了一个"每日一练"模块，在这里用户每天可以随机进行各种题目练习。当然，如果需要精准定位某一科目的练习题，可以进行相应设置，只需在首页点击"每日一练"按钮，进入"每日一练"页面，点击"设置"按钮，在打开的对话框中按个人需求选择科目，点击"确定"按钮，如图8-31所示。

图8-31 设置"每日一练"的打卡科目

返回"每日一练"页面，点击"做任务"按钮即可开始进行相应的做题训练，如图8-32所示。

图8-32 选择科目练习做题

在"会计学堂"应用中，用户除了可以进行题目练习，还可以进行真题模拟考试。

案例实操 通过"会计学堂"进行真题模拟考试

登录"会计学堂"App，在首页点击"题库"按钮，进入题库页面，选择需要的科目，如中级会计实务，在"考试"栏内点击"真题模拟"按钮。

如果用户在App中练习的题目数较少，会打开相应的对话框提示用户先练习后再考试；如果用户确定要进行模拟考试，此时可在打开的对话框中点击"继续考试"按钮，如果用户想要先多练题，就可以点击"好的"按钮，如图8-33所示。

图 8-33　点击"真题模拟"按钮

　　进入"真题模拟"页面，从展示的真题模拟卷中选择一套，进入题型说明页面，查看考试时间、试卷总分以及具体考试题型，确认了解后，点击"开始考试"按钮，进入考试倒计时，用户可开始做题，如图 8-34 所示。

图 8-34　开始考试

注意，如果用户一道题都没有做，此时点击页面下方的"交卷"按钮，会打开提示对话框，提示用户"你还未作答，暂不能交卷"，此时用户只能点击"继续作答"按钮，继续答题，如图8-35（左）所示。如果用户已经确定自己作答了题目，且确定已经作答完毕，也可点击"交卷"按钮，接着在打开的对话框中点击"继续交卷"按钮，如图8-35（右）所示。注意，如果点击"交卷"按钮后，打开的对话框中提示用户还有 × 道题未作答，此时用户也可点击"继续作答"按钮继续答题，直至答题完毕再交卷。

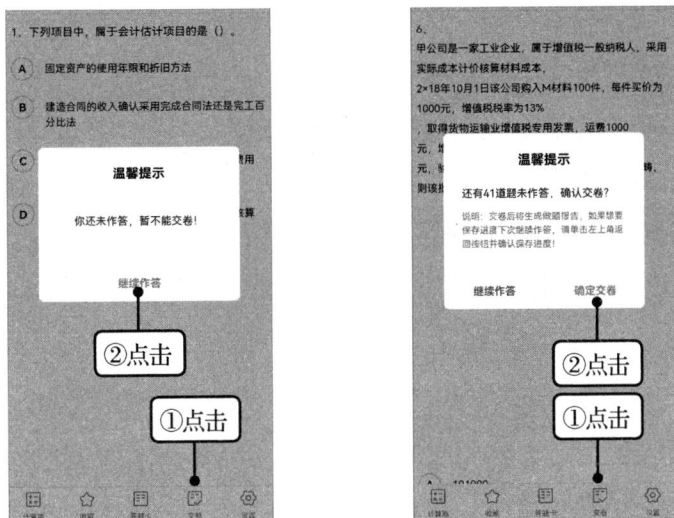

图 8-35　交卷提示

这是在"会计学堂"App 首页进行的操作，用户还可以点击页面下方的"题库"按钮，也能进入题库页面，选择科目进行模拟考试。而且，在题库页面，用户还能查询历史考试成绩、错题收藏和笔记等内容。

"会计学堂"App 的首页，也有"公开课"和"提问"等功能入口，操作比较简单，按页面提示执行即可。在"会计学堂"App 首页点击"学习中心"按钮，进入"学习"页面，在这里可观看一些视频资料，也可查看自己记录的笔记，以及系统为用户生成的学习报告。点击"笔记"按钮，进入新页面，可查看题目笔记和课程笔记，如图 8-36 所示。

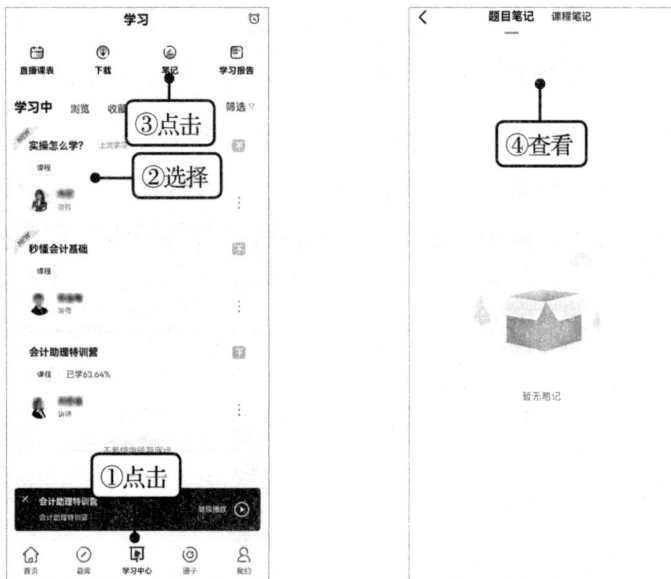

图 8-36 "学习中心"的主要功能

点击"学习"页面的"学习报告"按钮，进入"学习报告"页面，可查看用户今日听课分钟数、本年听课时长、今日做题数量和正确率、今日实操系统数与业务题数量、听课时长统计等数据信息，如图 8-37 所示。

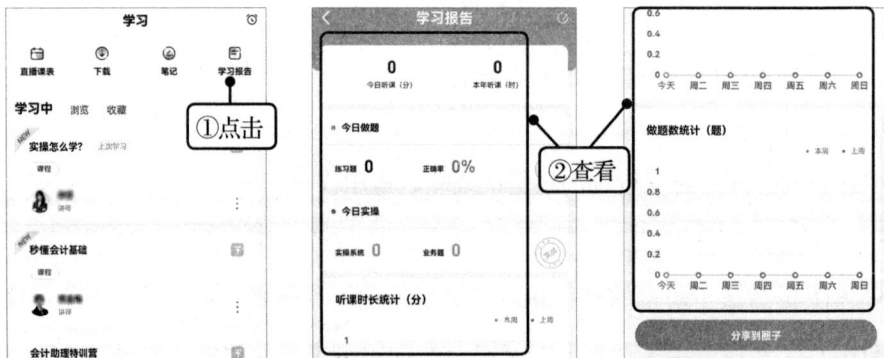

图 8-37 "学习中心"的"学习报告"内容

从图 8-37 中可以看到，用户还可以将自己的学习报告分享到圈子里。

在"会计学堂"首页点击下方的"圈子"按钮，进入圈子页面。在这里，主要包含两个版块，一是"我的圈子"，二是"热门帖子"。在"我的圈子"版块选择感兴趣的圈子，可进入相应圈子主页，点击"＋加入"按钮，即可加入该圈子，如图 8-38 所示。

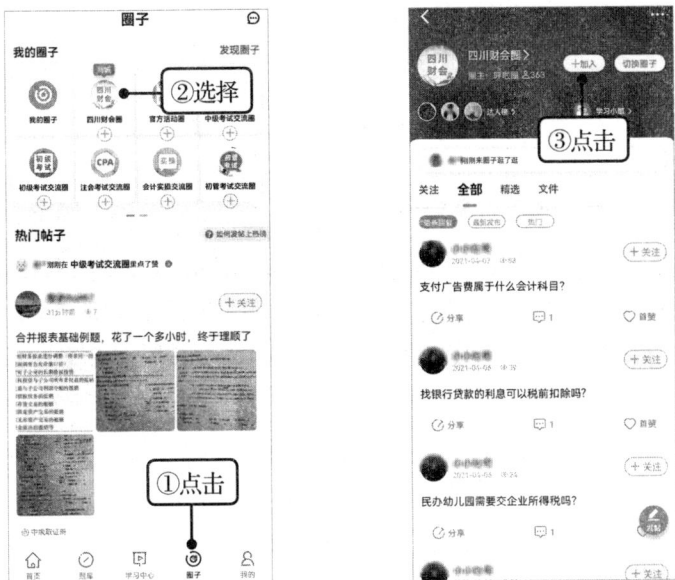

图 8-38　选择感兴趣的圈子并加入

当然，用户也可以在"圈子"页面中直接点击感兴趣的圈子下方的⊕按钮，快速加入圈子。

用户加入的圈子，可以在"圈子"页面的"我的圈子"版块选择"我的圈子"选项，进入新页面，就可查看到自己加入的圈子，如图 8-39（左）和图 8-39（中）所示。在这里，点击页面上方的"热门圈子"选项卡，可切换到"热门圈子"页面，分类查看热门圈子有哪些，点击感兴趣的圈子右侧的"＋加入"按钮，可加入热门圈子与其他用户一起讨论，如图 8-39（右）所示。

图 8-39　查看自己加入的圈子

拓展贴士　*"会计学堂"提供的财务工具*

　　"会计学堂" App 为广大用户提供了便捷的财务工具，如个税计算、印花税计算、滞纳金计算、人民币大小写转换和会计科目汇编等。以滞纳金计算为例，点击页面下方的"我的"按钮，再点击"财务工具"按钮，在打开的"财务工具"页面点击"滞纳金计算"工具图标，在"滞纳金计算"页面输入滞纳金额，设置起始时间和截止时间，点击"计算"按钮，再点击"更多明细"按钮，即可查看滞纳金计算结果，如图 8-40 所示。

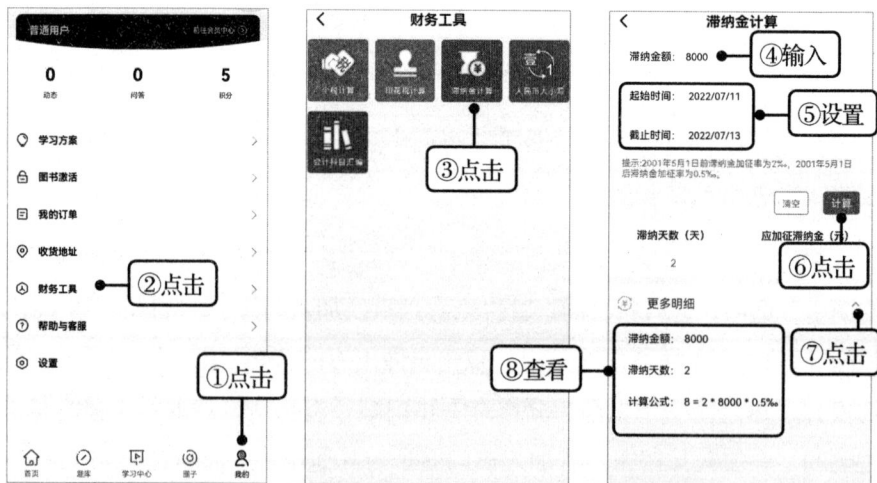

图 8-40　使用"滞纳金计算"工具计算应缴纳的滞纳金

"会计学堂"App 中还提供了很多其他服务，如果要享受更高阶的服务，可以考虑开通会员。会员等级越高，享受的服务和使用的功能也会更多。比如，实训会员可以享受包括真账实操、题库学习和每日精品直播课等在内的多项服务，而高级会员比实训会员多了税务筹划班、财务总监班和初级超值精品班等服务，以此类推。用户可以根据自身需要合理购买。

5. 升职加薪的好帮手，让你"会计随身学"

"会计随身学"是一款针对会计从业人员考试的学习 App，用户借助 App 通过碎片化学习，获得学霸一般的体验。它是一款集内容、功能、老师一体，优质的移动会计学习平台，由全国 30 多个省、市、自治区的对啊网全体教研教学团队、对啊网移动产品倾情打造。

"会计随身学"App 有其明显的特点，见表 8-2。

表 8-2 "会计随身学"的特点

特 点	说 明
干货公开课	通过干货公开课，用户可清楚了解各科考试要点
海量视频	通过大量的视频学习，全面掌握会计知识，查漏补缺
精编题库	精编各种押题卷、各知识点专题密押等

需要说明的是，用户登录"会计随身学"后，可以解锁全部学习资源，包括历年真题免费做、精讲视频免费看、知识点课件免费领和报考资格免费查等。

在"会计随身学"App 首页，提供了一些比较有特色的功能入口，如公开课、视频课、直播课、题库、教材、模拟考、估分、提问、答疑和就业等。同时，首页还分为几个版块：对啊网图书旗舰店、今日直播课、章节考点练习和论坛社区等，如图 8-41 所示。注意，在首次进入 App 时系统会提示用户选择考试方向，选择的方向不同，可能导致 App 首页显示不同。

图 8-41　浏览"会计随身学"App 首页

在首页点击"公开课"按钮，页面直接跳转到"直播 / 直播公开课"页面。在这里，用户可以选择感兴趣或有需要的直播公开课，点击"预约"按钮，即可快速预约，如图 8-42 所示。

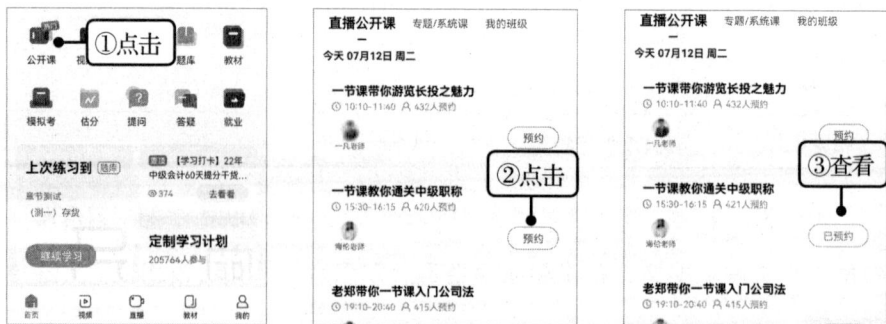

图 8-42　快速预约直播公开课

预约成功后，系统会向用户手机发送短信，提醒预约直播课的上课时间。

在首页点击"视频课"按钮，页面会直接跳转到"视频"页面。这里主要按照最初进入 App 所选考试方向来安排内容，如所选考试方向为会计中级职称，这里就安排中级会计实务、中级财务管理和中级经济法三大内容。按照需求选择一个内容，进入视频教学页面，会按章节依次教学，还附有教学讲义，点击"讲义"选项卡即可查看，如图 8-43 所示。

图 8-43 看视频课和讲义

在首页点击"直播课"按钮，页面会直接跳转到"直播／专题系统课"页面，主要列示了一些免费的和需要购买的系统课程，比如中级会计必学前导课、中级会计职称强化冲刺班等。如果不想花钱购买，则选择可以免费领取的课程进行学习，点击课程右侧的"免费领取"按钮，稍后点击"学习"按钮，在新页面中选择具体要上的课程，点击"回放"按钮，即可进入相应的教室听课，如图 8-44 所示。注意，正在学习的课程，会统一显示在"直播／我的班级"页面中，如果用户正在学习的课程较多，就可以直接在"直播／我的班级"页面中进行查找，继续学习。

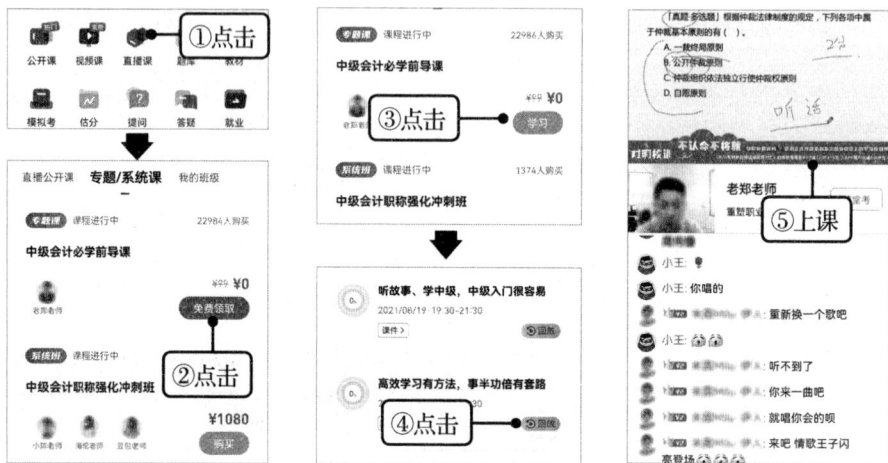

图 8-44　免费领取或购买直播课进行学习

如果用户有需要购买课程，则点击"购买"按钮，在新课程详情页面点击"立即报名"按钮，进入"确认订单"页面，输入联系方式，点击"提交订单"按钮，最后输入支付密码，即可完成支付并购买成功。

在首页点击"教材"按钮，页面会直接跳转到"教材"页面，也就是"对啊天猫图书旗舰店"。在这里，用户可以按需购买考试教材，选择所需教材，进入教材详情页面，点击"点击立减10元"按钮，页面会跳转到淘宝 App 首页，在打开的对话框中点击"查看详情"按钮，接着按照页面指示操作购买即可，如图 8-45 所示。

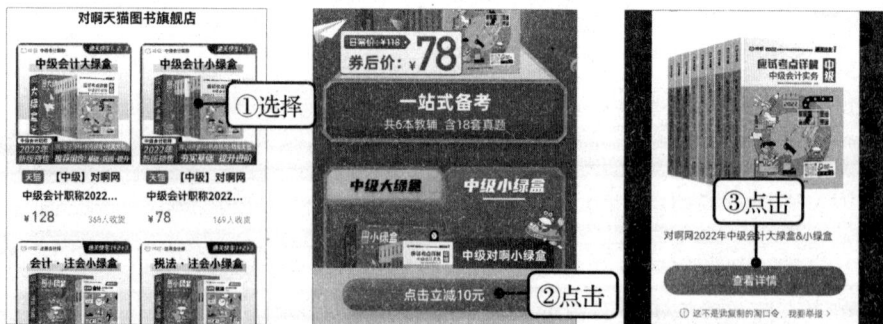

图 8-45　通过"会计随身学"App 购买会计教材

在"会计随身学"App中，"估分"是比较突出的功能，它主要在每年会计考试后运用，用户可根据老师的考点复盘与讲解，估算自己的得分。

案例实操 用"会计随身学"的估分功能进行考后估分

登录"会计随身学"App，点击首页的"估分"按钮，进入"考试估分"页面，在需要估分的科目处点击"课件"按钮或者"回放"按钮，如图8-46所示。

图 8-46　点击"估分"按钮开始考试估分

无论点击"课件"按钮还是"回放"按钮，首次操作时系统都会提示进行分享后才能模拟考试或估分。此时点击"立即分享"按钮，在弹出的菜单中选择分享途径，如微信好友、朋友圈等，点击相应的按钮。分享成功后返回"考试估分"页面，再次点击"课件"按钮即可查看考试题目的答案，如图8-47所示。若点击"回放"按钮，可观看教师对考试题目的讲解。

如果用户点击"课件"按钮并自行查看考试题目答案后，仍然无法理解答案，此时可以点击"回放"按钮，进入教室讲解视频页面，听老师解题，如图 8-48 所示。

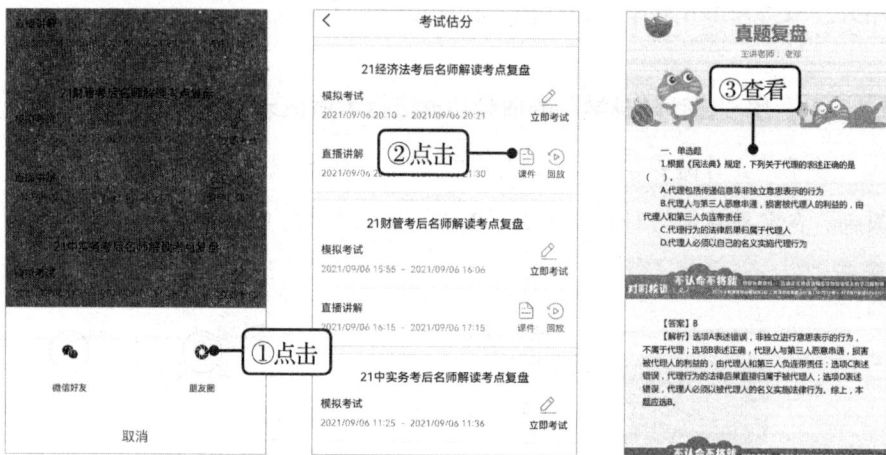

图 8-47　查看考试题目答案进行估分

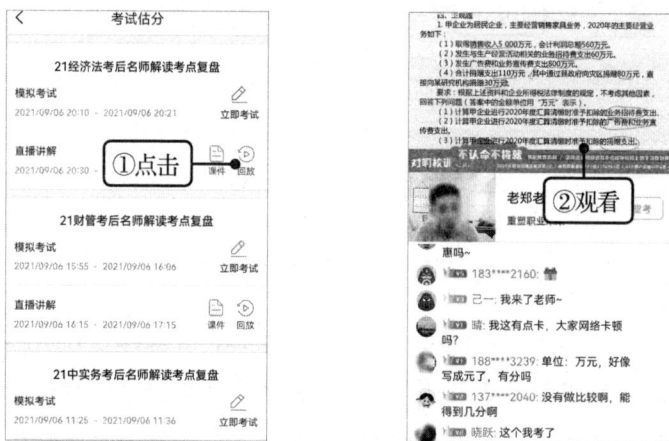

图 8-48　观看老师讲解考试题目与答案

除此以外，用户也可以通过"会计随身学"App 找到合适的财务、会计工作。点击首页"就业"按钮，在打开的页面中选择求职方向和应聘职位，返回后浏览页面，选择合适的岗位，进入岗位详情页，点击"投递简历"即可等待招聘公司通知，如图 8-49 所示。

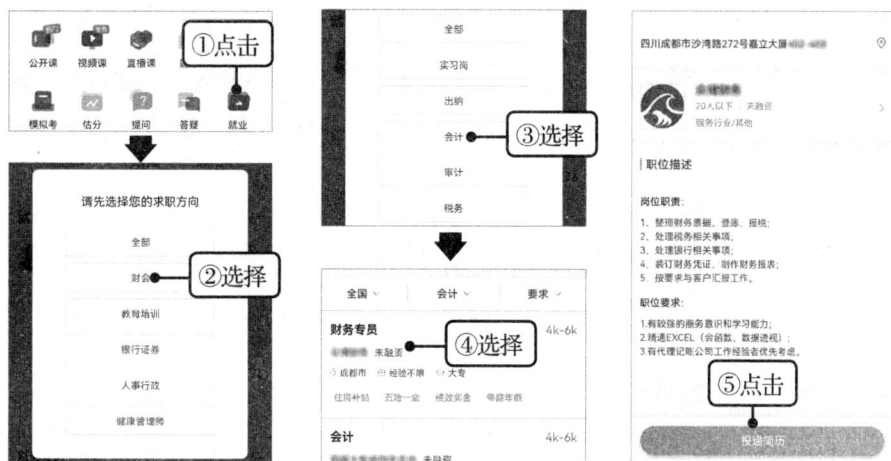

图 8-49　在"会计随身学"App 中找工作

6. 复杂难懂的税务，到"税问精选"里找答案

　　"税问精选"主要为会计人员和纳税人提供完善的财税服务，帮助企业更好地处理税务问题。该 App 主要提供财务咨询、丰富的财税资讯、发票扫一扫验证真伪和进项发票录入等服务和功能，还提供各种税务小工具、五证合一办税指南和个税计算器等实用工具。

　　"税问精选"App 主要有"资讯""法规""商城"和"发票"这 4 个版块，而"我的"界面主要是显示用户注册账号后的一些个人信息，如浏览记录、收藏、订单和笔记等。

　　首次进入"税问精选"App，可以选择自己的角色，如会计、出纳、财务、财务总监、老板或税务师等，也可以跳过不选。

（1）资讯

在"税问精选"App 的"资讯"版块中，又包含了"推荐""法规""判决案例""视听""问答"和"观点"等栏目。

在"推荐"栏目下，主要展示的是一些法规、判决案例、观点和问答等栏目的推荐内容。在页面中选择需要了解的资讯，即可进入资讯详情页面，如图 8-50 所示。

在资讯的详情页面，用户还能针对资讯内容发表自己的观点，或者收藏、分享自己觉得有价值、有意义的资讯内容。点击"写评论"输入框右侧的"评论"按钮，还可阅读其他网友针对当前资讯所作的评论。同理，还可查看很多判决案例的详情以及问答内容。

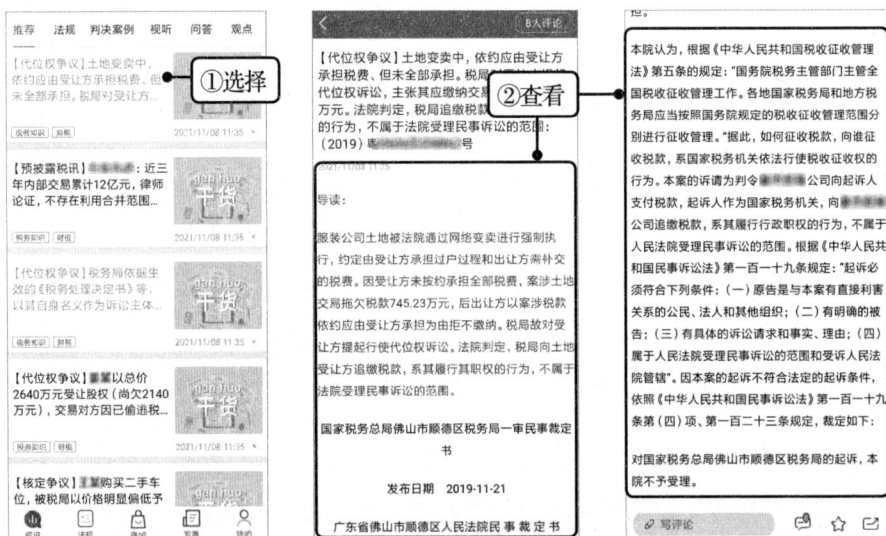

图 8-50　在"资讯"页面选择感兴趣的内容进行了解

在"资讯"界面，还有一个比较特别的栏目，即 Excel，这里的内容基本上都是关于 Excel 的，大体涉及 Excel 操作技巧、数据透视表在工作中的运用、Excel 表格布局的巧妙转换以及其他一些关于 Excel 的使用操作指南。该栏目的设置，使"税问精选"的用户也能轻松掌握 Excel 方面的操作技能，对提高工作效率非常有用。

（2）法规

在"法规"界面，按照时间的由近及远的顺序罗列了各财税法规，选择相关法规选项，即可查看所选法规的详细内容，如图 8-51 所示。

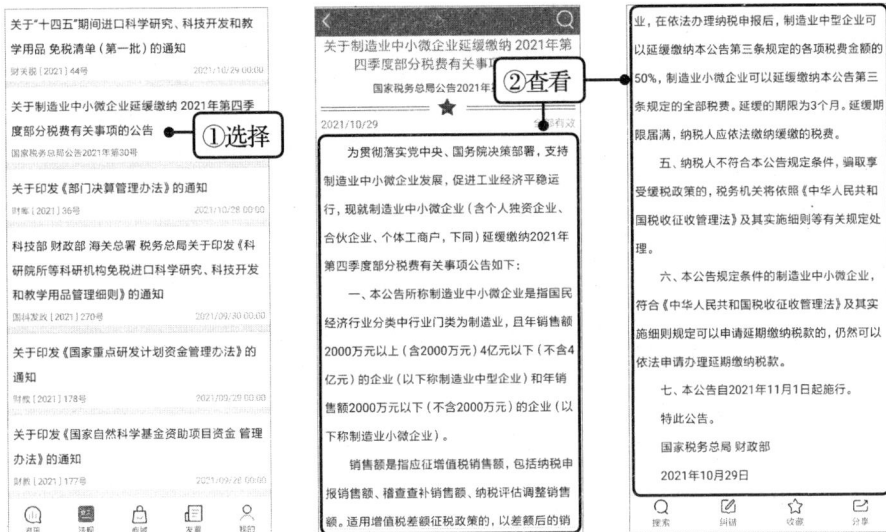

图 8-51 了解法规内容

有的法规内容中，会附有表格附件，可以直接下载使用，直接点击相应的超链接即可，非常方便。

（3）商城

在"商城"界面中，主要是一些课程、书籍和服务的展销，选择需要购买的课程、书籍或服务，进入购买页面点击"立即购买"按钮，完成支付即可成功购买，如图 8-52 所示。

图 8-52　在商城购买课程、书籍或服务

（4）发票

在"发票"界面，可以通过扫描发票的方式查发票的真伪，只需点击页面下方的"查发票"按钮即可扫描发票，将发票信息快速录入系统中。在"税问精选"App 中查验发票时，相关注意事项见表 8-3。

表 8-3　"税问精选"App 中查验发票的注意事项

注意事项	内　　容
支持查验的发票种类	①增值税专用发票；②增值税普通发票（含电子普通发票、卷式发票和通行费发票）；③机动车销售统一发票；④货物运输业增值税专用发票；⑤二手车销售统一发票
查验的时间范围	①可查验最近一年内增值税发票管理新系统开具的发票 ②当日开具的发票最快可以次日查验
查验的次数限制	每天每张发票可在线查询次数为 5 次，超过次数后需要在次日再进行查验操作
查验结果有疑议的处理	"税问精选"只提供所查询发票票面信息的查验结果，如果对查验结果有疑议，可以持发票原件到当地税务机关进行鉴定

另外，在"发票"界面，用户还可对发票进行筛选操作，快速找到需要查看详情的发票，点击"筛选"按钮，设置筛选条件，点击"确定筛选"按钮，如图8-53（左）所示；也可以删除发票信息；或者导出发票信息，点击"导出"按钮，输入相关信息，点击"确定导出"按钮，如图8-53（右）所示。

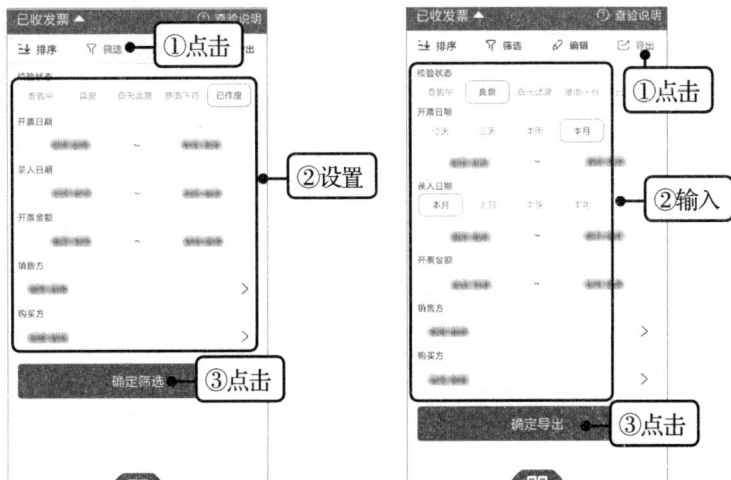

图8-53 筛选发票和导出发票

（5）做笔记

"税问精选"App还为用户提供了"做笔记"的功能，主要是针对法规内容，当用户看到法规中的某些内容比较重要时，就可将其选中并做笔记。来看看具体的案例，了解做笔记的操作。

案例实操 在"税问精选"中对重要的法规内容做笔记

登录"税问精选"App，在"法规"界面选择需要阅读的法规选项，进入法规详情页面，选择重要内容，在此处长按手机屏幕，在弹出的菜单中选择"做笔记"选项，打开"写笔记"文本框，输入笔记内容，点击"保存"按钮，如图8-54所示。

图 8-54 选择法规中的重要内容并记笔记

在打开的对话框中选择笔记文件夹，如果没有合适的文件夹选项，可点击"新建文件夹"自行创建的文件夹来放置笔记，如图 8-55（左）所示。然后返回法规详情页，就可看到被选内容已经突出显示，如图 8-55（中）所示。退出法规详情页，点击"我的"按钮，跳转到"我的"界面，点击"我的笔记"按钮，如图 8-55（右）所示。

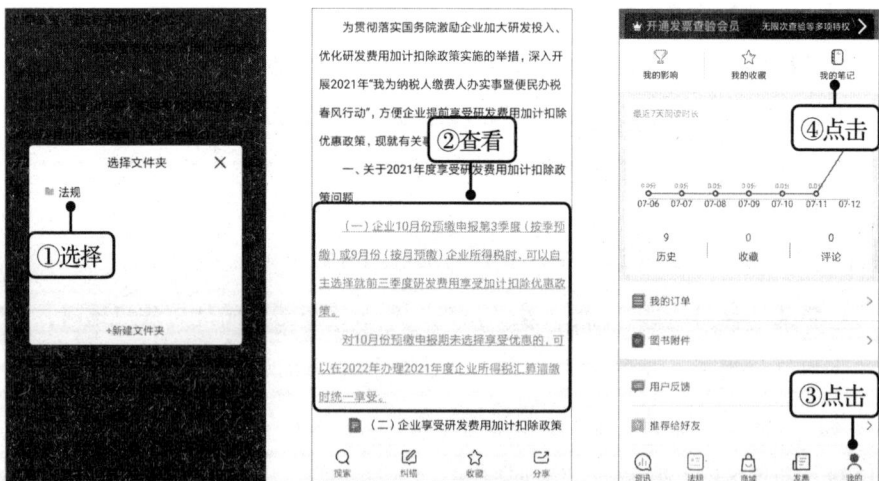

图 8-55 成功添加笔记

进入"我的笔记"页面，选择笔记文件夹，在所选文件夹页面即可查看到添加的笔记内容，选择具体的笔记选项，即可查看笔记的详细内容，点击页面右上角的"阅读全文"按钮，如图 8-56 所示，页面直接跳转到法规详情页，查看法规全文。

图 8-56　在"我的笔记"中查看添加的笔记内容

在选择笔记文件夹的页面，用户还可新建笔记分类，只需点击"新建笔记分类"按钮，就可以开始新建分类笔记文件夹。